입시 컨설팅

대학 가기 시리즈

초중고 부모가 읽어야 할

교육 전문가 유태성의

입시 컨설팅

머리말

"입시에서 자유로울 수 있는 학부모가 얼마나 있을까요?"

학부모에게 입시는 정말로 어려운 과제처럼 느껴집니다. 복잡하기도 하고, 자주 바뀌는 것 같고, 준비해야 할 것은 너무 많고…….
무엇부터 어떻게 시작해야 할지 모르는 상황에서 시간은 자꾸만 흘러갑니다. 시간이 흐를수록 초조한 마음은 커지고 여기저기 교육정보를 찾아보지만 어디 하나 이해하기 쉽게 설명해 주는 곳은 없습니다.

"이렇게 어려운 입시제도를 좀 더 쉽게 설명할 수는 없을까?",
"누구나 이해하기 쉽게 전달할 수는 없을까?" 항상 고민하면서 나름대로 복잡한 교육과정과 입시제도를 정리하기 시작했고, 이렇게 정리한 내용들을 전국의 수많은 학생과 학부모님들께 강의하면서 자녀들의 효과적인 학습과 진로, 진학을 도울 수 있었습니다.

강의를 들으신 학부모님들로부터 이메일이나 메신저 등을 통해 격려를 받을 때마다 큰 보람을 느끼지만, 그에 못지않은 책임감을 느낄 때가 더 많습니다. 학부모님들께서 주신 여러 의견 중 가장 많았던 의견은 자신들이 들을 수 있는 강연 기회가 더 많았으면 한다는 말씀이었습니다. 특히 수도권 외 지역의 학부모님들로부터 강연 자료에 대한 요청을 많이 받았습니다.

그러던 중 2018년, 복잡한 입시에 관한 중요한 발표가 있었습니다. '2022 대입제도 개편안'이 국가교육회의 공론화 과정을 거쳐 확정된 것이지요. 2019년 고등학교 1학년 학생들부터 적용되는 입시제도인데 앞으로 우리나라의 입시제도가 어떻게 바뀔지 많은 사람들의 관심이 집중된 발표였습니다.

저는 이번 발표를 계기로 복잡한 입시제도와 그에 따른 효과적인 학습 방법을 알기 쉽게 정리하여 더 많은 아이들과 학부모님들께 설명을 드리자고 마음먹게 되었습니다. 곧바로 철저하게 학부모의 눈높이에 맞춰 복잡한 입시제도, 그에 따른 효과적인 학습법, 생활기록부 구성 방법 등을 강의안으로 다시 정리하였고, 생생한 강의 현장의 느낌을 살려 책으로 구성하게 되었습니다.

입시는 분명히 어렵고 두려운 숙제이기는 하지만 적을 알고 나를 알면 승률이 높아지듯이 이 책을 통해 많은 학생과 학부모님들이 입시라는 고비를 조금 더 수월하게 넘으셨으면 하는 바람입니다.

이 책이 나오기까지 많은 분들의 수고가 있었습니다. 무엇보다 어려운 내용들을 보다 쉽게 정리하기 위해 일러스트 구성 기획부터 교정 교열의 작업을 진행해 준 김경찬 편집자와 학부모님들에게 올바른 교육 정보를 제공하기 위해 최고의 도서를 기획하시는 상상아카데미에 감사의 인사를 드립니다.

2019년 3월 연구소에서
유태성

이 책을 읽는 방법

이 책은 현장 강의의 생생한 분위기를 그대로 학부모님들께 전달할 수 있도록 구성했습니다. 따라서 강의를 듣는다는 생각으로 책을 읽는다면 복잡한 입시제도와 그에 따른 효과적 학습법이 어렵지 않게 느껴질 것입니다.

이 책은 총 4개의 강의와 1개의 부록으로 구성되어 있고, 각각의 내용은 다음과 같습니다.

첫 번째 강의
Why

바뀐 교육과정과 입시제도 왜 그렇게 중요해?

√ 지금 우리 아이가 학교에서 배우고 있거나 배워야 할 교육과정과 입시제도를 다양한 비유를 통해 살펴보세요.

√ 우리 아이 학교생활기록부 관리는 어떻게 하면 효과적일지 생각해 보세요.

두 번째 강의
What

진로에 맞는 대학을 위해 무엇을 준비해야 할까?

√ 우리 아이에게 가장 유리한 고등학교는 어디일지 전략적으로 선택해 보세요.

√ 자기소개서 작성은 어떻게 하는지 살펴보세요.

세 번째 강의
How

여전히 중요한 내신 성적 어떻게 관리해야 할까?

√ 내신 성적 측정 방식에 대해 살펴보세요.

√ 서·논술형 평가와 수행평가는 어떻게 준비해야 하는지 살펴보세요.

네 번째 강의
So

그래서 과목별로 어떻게 대비하라고?

√ 주요 과목별 효과적인 공부 방법에 대해 살펴보세요.

√ 우리 아이의 학습 패턴을 분석하고 고쳐 보세요.

부록

전국 명문고들의 특별한 대학 입시 노하우 살펴보기!

√ 전국의 명문고에서는 어떤 대비를 하고 있는지 살펴보세요.

√ 그 방법을 우리 아이에게 적용해 보세요.

강의별 핵심 키워드

첫 번째 강의

Why

#2015 개정 교육과정 #자유학기제
#문·이과 통합 #학생부 교과전형
#학생부 종합전형 #2022 대입제도 개편안
#학교생활기록부(학생부)

두 번째 강의

What

#자기 주도 학습 전형 #영재학교
#과학고등학교 #외국어고등학교
#국제고등학교 #자율고등학교
#자기소개서 #일반고등학교

세 번째 강의

How

#내신 성적 #상대평가 #절대평가
#서·논술형 문제 #수행평가
#학습 계획 #공부 목표 #시험대비

네 번째 강의

So

#국어 공부법
#수학 공부법
#영어 공부법
#과학 공부법
#사회 공부법

새로운 대입제도 변한 것과 변하지 않은 것

제도	
변한 것	• 정시 소폭 확대 (수능 비율 30 % 방침) • 논술전형 단계적 폐지 및 적성고사 폐지
변하지 않은 것	• 고교 내신 상대평가 유지 • 수시에서 교과전형 및 종합전형 유지

수능	
변한 것	• 국어, 수학을 공통 과목과 선택 과목으로 출제 • 사회탐구와 과학탐구 과목을 계열 구분 없이 선택 가능 　(문·이과 폐지) • 제2외국어, 한문 절대평가 적용
변하지 않은 것	• 국어, 수학, 탐구과목 상대평가 유지 • 영어, 한국사 절대평가 유지 • 수능 최저 등급 유지

서류	
변한 것	• 수상경력은 학기당 1개씩 총 6개까지 제한 • 진로희망사항 항목 삭제 • 자율동아리는 학년당 1개만 기재 • 봉사 활동 특기사항 미기재 • 교사추천서 폐지
변하지 않은 것	• 자기소개서 유지 • 독서 활동과 과목별 세부능력 및 특기사항 유지

차
례

첫 번째 강의
Why   바뀐 교육과정과 입시제도 왜 그렇게 중요해?

네 번째 강의
So　그래서 과목별로 어떻게 대비하라고?

첫 번째 강의

Why

바뀐 교육과정과 입시제도 **왜**
그렇게 중요해?

1장

교육과정이 그렇게 중요해?

"교육과정과 입시제도와의 연관성,
현재 교육과정의 세부 내용"

교육과정이란 교육목표를 달성하기 위해 편성한 교육내용과 학습활동 모두를 포함하는 말입니다. 시대에 따라 교육과정도 많이 변해왔는데, 과연 우리 아이들은 학교에서 어떤 내용을 배우고 어떤 활동을 하고 있을까요? 별로 궁금해 하지 않는 분들도 있겠지만, 입시정보를 파악할 때는 무엇보다 지금 우리 아이들이 실제 교실에서 배우고 있는 교육과정을 이해하는 것이 필요하답니다. 왜냐하면 교육과정은 반드시 입시제도로 연결되기 때문이지요. 교육과정을 이해하는 것만으로도 우리 아이들을 이해할 수 있는 중요하고도 핵심적인 팁을 얻을 수 있습니다.

창의융합형 인재란?

국가에서는 우리 아이들이 미래에 꼭 필요한 인재로 자랄 수 있도록 교육목표를 정하고 있습니다. **현재 우리나라에서는 2015 개정 교육과정이 운영되고 있는데, 본 교육과정의 교육목표는 '창의융합형 인재' 육성입니다.**

너무 멋진 말이죠? 그런데 사실 피부에 확 와 닿지는 않습니다. 좋은 의미인 것 같기는 한데 정확히 어떤 인재를 말하는지 규정하기는 어려운 게 현실이지요. 우리 부모님 세대의 수업과 지금의 수업을 비교하면서 '창의융합형 인재' 육성에 대해 설명해 볼까 합니다.

해방 이후 우리나라의 교육은 단시간에 빠른 성장을 강조하는 교육목표 아래 운영되어 왔습니다. 근면, 성실, 노력을 강조하고 이유도 모르는 단편적인 지식을 배우도록 강요한 부분이 많았지요. 단적인 사례를 하나 들어 볼까요?

학부모님 세대라면 아마 국어 시간에 황순원의 '소나기'라는 작품을 모두 읽어 보셨을 거예요. 정말 위대한 작품이지요. 왜냐하면 전 국민이 거의 다 읽은 작품이니까요. 저는 이 소설이 2015 개정 교육과정을 보다 현실적으로 이해할 수 있는 가장 대표적인 사례라고 생각합니다.

우리 부모님들도 기억하시겠지만, 소나기에서 소녀가 좋아했던 색인 보라색은 '죽음'을 상징한다고 가르칩니다. 또, 이 부분은 시험에서도 단골 문제로 자주 나오다 보니 아직도 기억에 남아 있는 분들이 많을 것이라고 생각합니다.

한발 더 나아가서 소녀의 죽음을 미리 암시하는 이 장면을 '복선'이라고 부른다는 것을 배웠습니다. 평상시에는 잘 쓰지도 않는 말인데 우리는 어렸을 때부터 무척 고급스러운 평론가들의 언어를 배웠습니다.

우리가 배운 황순원의 '소나기', 얼마나 멋지고 아름다운 이야기입니까? 하지만 이 작품을 읽고 감동을 받아 이후 황순원 선생님의 작품을 스스로 찾아서 읽은 학생이 몇 명이나 될까요? 아마 저를 포함해서 황순원의 다른 작품을 찾은 사례는 많지 않을 거라고 생각합니다. 바로 이 점입니다. 예전의 교육과정은 우리에게 아주 짧은 기간 동안 어려운 개념들을 주입시켰습니다. 그래서 우리는 '복선'과 같은 고급스러운 단어들을 많이 알고 있지만, 황순원의 다른 작품들을 스스로 찾아보는 능력이 결여되어 있습니다.

결과 중심
과거의 교육과정

과정 중심
현재의 교육과정

우리나라에서는 이러한 문제들을 해결하기 위해 교육목표를 설정하게 되는데, 그때 나온 개념이 바로 '창의융합형 인재 육성'입니다. 내가 배운 것을 얼마나 활용하는가에 초점을 두고, 그 능력을 키우기 위해 모든 교육 커리큘럼이나 평가 방식 등을 바꾸는 것이지요.

조금 더 현실적으로 이해하기 위해서 저는 '수행'이라는 개념을 사용하고 싶습니다. 우리에게 '수행평가' 등으로 아주 익숙한 말이거든요. 다시 말해 '내가 배운 것을 얼마나 활용하는가?'라는 말은 '내가 배운 것을 얼마나 잘 수행할 수 있는가'로 바꿀 수 있습니다.

보다 쉬운 이해를 위해서 **2015 개정 교육과정의 교육목표를 아주 심플하게 극단적으로 표현하면 '수행평가를 잘하는 학생 만들기'** 정도가 좋을 것 같습니다.

수시제도가 입시의 대세가 된 이유

이렇게 교육과정을 장황하게 설명한 이유는 교육과정이 입시제도로 연결되기 때문입니다. 예전에는 모든 학생들이 같은 교과서로 단시간 내에 많은 내용을 배웠고, 지금으로 말하면 그 내용을 수능 형태의 시험에 담아 하루 만에 모든 것을 결정했습니다. 아마도 많은 학부모님들은 지금도 이 방식이 익숙할 것으로 생각합니다.

하지만 지금의 교육과정은 지필평가 외에도 학생의 수행평가 능력을 중요시하기 때문에 매 학기, 모든 과목마다 그때그때 성취도를 기록하게 됩니다. 학기 중에 지속적으로 진행되기 때문에 그때그때의 성취도가 학교생활기록부에 기록되고, 이렇게 누적된 숫자인 수치적인 기록을 우리는 '**내신**'이라고 합니다. 다른 말로는 '**교과**'라고 하지요.

　수치적 기록 외에도 학생이 진로 역량을 키우기 위해 진행한 동아리 활동이라든지, 진로 체험활동, 독서 활동, 봉사 활동 등의 비수치적 기록을 '**비교과**'라고 하는데 이 모든 내용이 학교생활기록부에 기록됩니다. 그러다 보니 결과도 결과이지만 과정 자체가 중요하게 되었고, 그 과정을 입시제도로 평가하게 된 것입니다. 그것이 말도 많고 탈도 많은 현재 우리나라 입시의 핵심이 되는 '**수시**'라는 입시제도입니다.
　교육과정이 입시제도와 어떻게 연결되는지 직접적으로 정리해드리겠습니다. 즉, '창의융합형 인재'라는 교육목표를 이루기 위해 수행평가 위주의 교육과정이 운영되고 있습니다. 그리고 이를 위해 학기 중 진행된 모든 평가를 기록하여 '내신(또는 교과)'으로 표시하며, 학생의 진로를 위한 다양한 활동을 '비교과'로 표시하고 있습니다. 그러다 보니 대학에서는 교과와 비교과의 전 과정이 기록된 학교생활기록부를 통해 학생의 역량을 파악하는 것이지요. 이것이 바로 '수시' 제도가 현재 입시의 근간이 된 이유라고 할 수 있습니다.

　다시 말해 한 국가에서 지향하는 교육적 목표는 그것을 이루기 위한 교육과정을 만들어 내고, 이렇게 만들어진 교육과정을 입시제

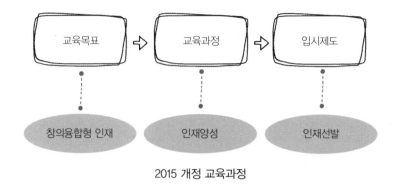

교육목표 ⇨ 교육과정 ⇨ 입시제도

창의융합형 인재   인재양성   인재선발

2015 개정 교육과정

도로 평가하게 되는 것입니다. 이것이 바로 수시제도가 우리나라 입시의 근간이 된 이유입니다.

2015 개정 교육과정의 핵심 내용

여러 가지 지식이 순식간에 쏟아지고 처리되는 정보화 시대에 대응하는 인재를 키우기 위해 우리나라 교육부에서는 정말로 많은 고민을 해왔던 것 같습니다. 얼마나 많은 고민을 해왔는지는 교육과정이 얼마나 자주 개정되었는지를 보면 알 수 있지요.

앞으로도 교육과정 자체는 부분적으로 개정되겠지만, 현재 운영되고 있는 2015 개정 교육과정은 지금까지 고민한 것에 대한 최종 결과라고 할 수 있습니다. 그리고 무엇보다 2015 개정 교육과정의 바탕 위에서 입시제도 개편 등이 이루어졌으므로 2015 개정 교육과정의 핵심 내용을 살펴보는 것은 매우 큰 의미가 있습니다.

정말로 많은 내용들이 있지만, 지나치게 세밀한 내용까지 알아보는 것은 핵심 내용을 파악하는 데 오히려 방해될 수 있으므로 2015 개정 교육과정을 대표할 수 있는 세 가지 키워드인 **'창의', '융합', '과정'의 측면**에서 살펴보도록 하겠습니다.

① '창의' 측면 – 자유학기제

2015 개정 교육과정은 단순 암기를 강조하며 한 줄 세우기식 평가 중심으로 이루어져 있던 기존의 방식을 과감하게 버리는 것을 목표로 하고 있습니다. 왜냐하면 이러한 방식으로는 학생들의 흥미와 학습 동기를 효과적으로 이끌어 낼 수 없기 때문입니다.

그래서 학생들에게 배움의 즐거움을 알게 하며 학생의 참여 활동을 강화하는 방향으로 교육과정이 설계되어 있습니다. 즉, 학습의 흥미와 동기를 높이고 꿈과 끼를 발휘할 수 있게 만드는 것이지요. 그런 측면에서 **중학교에서 대표적으로 시행하고 있는 것이 바로 '자유학기' 또는 '자유학년' 제도입니다.** 경쟁 중심의 교육에서 벗어나 함께 문제를 해결하고 자신의 꿈과 끼를 살린 다양한 교육활동의 기틀을 마련하는 것입니다.

지금도 자유학기 때 중학생들의 학습 결손에 대한 문제점 등이 대두되고 있지만, 학생들이 1년 동안 시험에서 해방되어 다양한 진로 체험을 하면서 자신의 꿈을 찾고, 학습 동기를 살린다는 측면에서, 자유학기 또는 자유학년 제도는 우리 교육이 나아가야 할 방향의 중심에 있습니다. 자유학기에는 지필 총괄 평가를 하지 않고 학생들은 자신의 적성과 미래에 대해 탐색하고, 학습의 즐거움을 경험하여 자기 주도적 학습 능력을 기를 수 있게 하는 것을 목표로 하기 때문입니다.

② '융합' 측면 – 문·이과 통합

창의융합형 인재 육성은 국·영·수 위주의 학습에서 벗어나 다양한 과목에서 균형 있는 학습을 목표로 하는 것입니다. 곧 융합형 인재를 목표로 합니다.

창의융합형 인재 육성을 위한 2015 개정 교육과정의 가장 대표적인 정책은 바로 문·이과 통합입니다.

모든 고등학생은 인문, 사회, 과학기술에 대한 기초소양 및 미래 사회가 요구하는 역량을 키우기 위해 1학년 때는 문·이과 구분 없이 모든 학생이 7개의 공통과목(국어·수학·영어·통합사회·통합과학·한국사·과학탐구실험)을 듣게 됩니다. 개인의 진로 희망과 적성에 따라 다양한 과목을 선택하여 이수할 수 있게 만들어 주는 것입니다.

마치 대학에 입학하면 1학년 때 교양필수 과목을 듣고 2학년 때

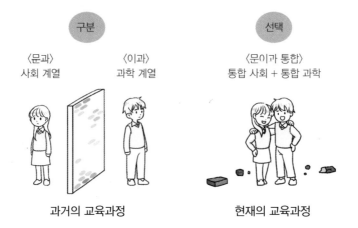

구분	선택
〈문과〉 사회 계열　　〈이과〉 과학 계열	〈문이과 통합〉 통합 사회 + 통합 과학
과거의 교육과정	현재의 교육과정

부터 자신의 관심 분야에 맞춰 전공선택 과목을 수강하듯이 고등학교 때 이 제도를 적용한 것이지요. 특히, 국·영·수에 대한 비중을 줄이고 통합사회와 통합과학에 대한 비중을 높인 것이 특징이라고 할 수 있습니다.

통합사회에서는 행복, 자연환경, 생활공간, 인권, 시장, 정의, 인구, 문화, 세계화 등 9개의 대주제로 교과서를 구성하여 다양한 배경지식을 익힐 수 있도록 하고 있습니다. 통합과학에서는 물질과 규칙성, 시스템과 상호작용, 변화의 다양성, 환경과 에너지 등 4개의 대주제로 교과서를 구성하여 국·영·수 중심에서 벗어나 다양한 사회적 과학적 지식을 배울 수 있도록 한 것이 특징입니다.

즉, 2015 개정 교육과정은 기존에 문·이과로 나뉘어 지나치게 특정 교과에 편중되어 이루어지던 단순 지식 교육을 탈피하고 균형 잡힌 기초소양 교육을 통해 배움에서 즐거움을 경험하도록 한 것이 특징이라고 할 수 있습니다.

③ '과정' 측면 – 학생부 종합전형

2015 개정 교육과정에서는 과정 중심의 평가를 강조하고 있습니다. 지금까지의 평가는 주로 학습한 결과를 평가하여 서열화의 근거로 활용하였다면, 2015 개정 교육과정에서 지향하는 평가는 학생 개개인의 잠재력을 최대한 계발할 수 있도록 학생의 성장을 지원하는 평가를 강조하고 있습니다.

과목별 수행평가의 다양화, 학교생활기록부의 세부능력 및 특기사항 기록, 동아리 활동이나 진로활동과 같은 창의적 체험활동 강조 등이 그것이지요.

과정 중심 평가는 학습 과정에서 학생들이 어떻게, 어느 정도로 잘하고 있는지를 살피고 이에 대한 피드백을 제공하는 평가를 의미하는데 이러한 일련의 과정들이 학교생활기록부에 고스란히 기록됩니다. 그러면 **자연스럽게 고입이나 대입에서는 학생의 학교생활기록부만 보고도 학생의 역량을 어느 정도 파악할 수 있게 되는 것이지요.**

이러한 측면에서 살펴본다면, 대표적인 것이 학생부 종합전형이라고 할 수 있습니다. 학생부 종합전형은 대입에서 학생들의 교과와 비교과를 모두 평가하는 방식입니다. 이미 우리나라 상위권 대학에서는 대세가 된 전형이지요.

물론 학생부 종합전형에 대한 비판이 많은 것은 사실입니다. 그

러나 단순한 지필평가 방식으로는 2015 개정 교육과정의 교육목표
인 '창의융합형 인재' 육성을 달성하는 데 한계가 있습니다. 따라서
학생들이 준비해야 할 것들이 많아지고, 평가의 공정성에 대한 문
제점이 끊임없이 대두되고 있음에도 그 방향성만은 큰 변화가 없다
고 생각합니다.

　이러한 비판을 교육부에서도 충분히 인지하고 있고, 학생들이 과
도하게 준비하지 않도록 가이드라인을 잡아 평가의 공정성을 높이
는 방향으로 개선점들을 도출하려고 노력하겠지요. 우선, 2018년 8
월에 어느 정도의 가이드라인을 발표했는데 이 내용에 대해서는 다
음 장에서 자세히 설명하도록 하겠습니다.

입시제도는 어떻게 바뀐 거야?

"새롭게 적용되는 입시제도,
과정형 인재와 결과형 인재의 차이"

지금까지 2015 개정 교육과정의 교육목표와 핵심 내용 등을 살펴봤습니다. 사실 이러한 내용을 살펴본 이유는 지금부터 설명해드릴 대입제도를 더욱 확실하게 이해하기 위해서입니다. 왜냐하면 2015 개정 교육과정을 기점으로 우리나라의 향후 입시제도가 어느 정도 확정되었기 때문입니다.

2018년 8월 교육부에서는 당시 중학교 3학년(2019년 기준 고1) 학생부터 적용될 중요한 발표를 했는데, 바로 2022 대입제도 개편안입니다. **2022 대입제도 개편안이라고 부르는 이유는 2022년에 대학교 1학년이 될 학생들부터 적용되는 제도이기 때문입니다.** 보면 볼수록 복잡한 입시제도, 이제부터 쉽게 이해해 보도록 합시다.

성적은 실력, 합격은 전략

　학부모님들과 한 번 게임을 해볼까 합니다. 여기 1번 숫자판에 숫자들이 있습니다. 우선 숫자 1을 찾습니다. 찾으셨나요? 이번에는 숫자 2를 찾습니다. 이번에도 찾으셨나요? 이렇게 숫자 1부터 45까지 순서대로 한 번 찾아보는 겁니다. 대신 다른 학부모님들보다 먼저 찾으셔야 합니다. 가장 빨리 찾는 학부모님들 자녀분은 틀림없이 좋은 대학에 들어갈 수 있을 것입니다. 이제 찾아보시죠.

1번 숫자판

1번 숫자판

이 게임의 규칙은 세 가지였습니다. 첫째는 숫자를 찾는 것이고, 둘째는 순서대로 찾는 것이고, 마지막 셋째는 남들보다 먼저 찾는 것이었습니다. 어떻게 보면 간단한 게임일 수도 있는데 이 게임은 대입과 매우 유사합니다.

일단, 게임이므로 이겨야 하지 않겠습니까? 우리는 재미로 한 번 해 보는 거지만, 실제로 지금 이 시각에도 많은 학생들이 이 게임을 하고 있습니다. 바로 입시라는 게임이지요. 이번에는 2번 숫자판을 보시겠습니다.

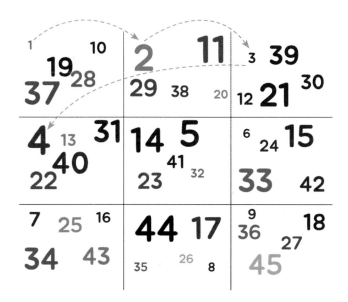

2번 숫자판

어떠신가요? 이제 뭔가 보이지 않나요? 똑같은 숫자판에 직선 4개만 그렸을 뿐인데 9개의 칸마다 1부터 45까지 숫자가 순서대로 들어간다는 것을 알게 되었습니다. 게임의 승자가 될 수 있을 확률이 매우 높아진 것이지요.

다시 전략이라는 측면에서 살펴보도록 하죠. 이 게임에서 이길 수 있는 전략은 크게 두 가지입니다. 첫 번째 전략은 숫자판을 통째로 외워버리는 것이지요. 정말로 간단하고도 확실한 방법이라고 할 수 있습니다. 오랜 시간 노력을 하면 충분히 가능한 전략이기도 합니다. 그렇지만 만약 숫자가 4500까지 있다고 하면 이야기는 달라집니다.

이와 달리 두 번째 전략은 2번 숫자판과 같이 숫자판 속에 있는 규칙을 파악해서 공략하는 것입니다. 자, 이제 여러분이 게임에 참여하는 사람이라면 어떤 전략을 선택하시겠습니까? 아마 많은 분들이 두 번째 전략을 선택하지 않을까 생각합니다. 제 생각 역시 마찬가지입니다. 무작정 열심히 하는 것도 중요하지만 어떤 일정한 규칙을 알고 준비한다면 합격 확률이 그만큼 높아지는 것이 입시입니다.

그래서 저희 같은 입시 전문가들에게는 불문율처럼 내려오는 문구가 있습니다. '**성적은 실력이지만, 합격은 전략이다**'라는 말이 그것이지요.

입시의 측면에서 숫자 찾기 게임을 적용한다면 2번 숫자판에 있는 4개의 직선, 이것이 바로 입시제도입니다. 합격을 위한 입시전략이라는 측면에서 입시제도는 반드시 알아야 하는 중요한 대상입니다. 다행스럽게도 입시제도는 항상 우리 아이가 고 3이 되기 전에 미리미리 발표해준답니다.

2018년 8월에 발표된 2022 대입제도 개편안이 바로 그것이지요. 그리고 새롭게 발표된 입시제도 때문에 이 책이 쓰여졌다는 사실을 꼭 명심해 주세요.

두 가지 입시모델

우리가 생각하는 입시의 이미지는 아마 밑의 그림과 같은 이미지가 아닐까 싶습니다. 100미터 경기를 360명이 뛰게 되면 1등은 한 명이 차지하게 됩니다. 이러한 게임은 정말로 각 등수의 서열이 분명하기 때문에 공정하다는 장점이 있습니다.

정시형 입시모델

하지만 100미터 경주에 특화된 사람 또는 100미터 경주를 좋아하는 사람에게만 유리한 게임이기 때문에 모든 사람이 100미터 경주만 준비하게 되어 다양성이 무시된다는 단점이 있습니다. 또한, 무한 경쟁이기 때문에 내가 아무리 잘해도 상대가 나보다 조금이라도 잘하면 나는 패배자가 된다는 무력감도 옵니다.

반면, 100미터 경주를 동서남북으로 뛴다고 가정합니다. 어떤 방향에는 장애물(허들)이 있기도 하고, 어떤 방향에는 창던지기 같은 종목들이 있어서, 뛰다가 중간중간 다양한 종목들을 수행한다고 가정해 보면, 자신의 장점에 따라서 유리한 방향으로 골라서 뛸 수도 있습니다. 그러면 적어도 4명의 1등이 나오게 됩니다.

이러한 방식으로 360도로 뛰게 하면 360명 모두가 1등이 되도록 만들 수도 있습니다. 이 경주의 특징은 나의 장점을 깨닫는다면 유리한 방향을 내가 선택할 수 있고, 1등의 확률을 훨씬 높일 수 있다는 것입니다. 입시의 관점에서 보면 이 모델은 우리 학부모님들에게 생소한 이미지일 수도 있습니다.

왜냐하면 모두가 이러한 방식으로 입시를 치르지 않았기 때문이지요. 아마도 수학의 정석, 성문 영어 등 대표되는 교재를 통해 한 방향으로만 입시를 준비한 세대에게는 무척이나 당황스러운 이야기라고 생각될 것입니다. 그런데 문제는 2015 개정 교육과정이 추구하고자 하는 교육목표, 교육목표를 이루기 위한 교육과정이 결국에는 두 번째 달리기 그림과 같은 입시를 향해 설계되었다는 것입니다.

이것이 바로 우리가 지금까지 2015 개정 교육과정의 목표와 내용을 살펴본 이유이기도 합니다. **현재 우리나라 입시는 70 % 정도가 두 번째 달리기 그림과 같은 형태로 전개되어 있습니다. 그것이 바로 '수시' 제도입니다.** 따라서 우리 아이에게 수시 준비를 어떻게 할 수 있는지 알려주는 것은 마치 숫자 찾기 게임에서 4개의 직선을 보여 주는 것과 같다고 할 수 있습니다.

물론 첫 번째 달리기 그림과 같은 방식도 30 % 정도 남아 있습니다. 그런 측면에서 두 번째 달리기 그림의 방식을 수시형 입시모델이라고 한다면 첫 번째 달리기 그림의 방식은 정시형 입시모델이라고 할 수 있습니다.

수시와 정시, 둘 중 하나를 고르라면?

　수시와 정시는 모두 대입에서 사용하는 용어입니다. 말만 들어도 머리가 어지럽고 학교에서 그냥 해 주면 안 되나 싶을 정도로 짜증이 날 수 있는 단어이기도 합니다.

　그런데 이 책을 조금 더 읽은 뒤에는 너무나 쉽게 이해가 되어서 학부모님들 모두 앞으로 인터넷 신문이나 TV 등의 매체에서 교육 기사를 찾아보는 경지에 이르게 될 것입니다. 그러니 조금만 참고 더 따라와 주세요.

　입시제도는 정말로 쉽게 접근해서 이해해야 할 필요가 있는데, 쓸데없이 인터넷 신문 등에는 너무 전문적인 해설들만 많아서 탈이랍니다. 그러면 정말 간단하게 설명해 드리겠습니다.

　일단, 대학교는 수시 아니면 정시 말고는 달리 들어갈 방법이 없습니다. 가장 간단한 정시부터 알려드리겠습니다. 정시는 수학능력시험(이하 수능)을 치른 후에 수능 점수로 학교를 지원해서 가는 전형입니다. 너무 간단하지요? 너무 간단해서 고등학교 1학년 때 첫 내신 결과를 보고 실망한 나머지 아주 간단하게 내신을 접고 바로 정시를 준비하는 학생들도 많답니다.

그런데 이렇게 정시를 목표로 공부한다는 것은 앞으로의 학교생활에서 험난한 길을 걷는다는 것을 의미하기도 합니다. 수행평가 등을 안 할 수도 없고, 하자니 의미도 없는 것 같고, 그런 갈등의 나날 속에서 힘들게 수능 준비를 합니다. 이렇게 준비하는 경우 고등학교 3학년 3월까지는 어느 정도 보람을 느낄 수도 있습니다. 실제 내신보다는 수능과 비슷한 형태의 시험인 모의고사 점수가 더 잘 나오는 경우가 많기 때문이지요.

그런데 문제는 고등학교 3학년 6월에 일어납니다. 그때 잠자고 있던 수많은 N수생(재수생, 삼수생, 사수생 등)들이 같이 모의고사 시험을 치릅니다. 수능은 11월에 치르게 되는데 수능 출제 기관인 한국교육과정평가원에서는 실제 수능의 난이도를 조정하기 위해 6

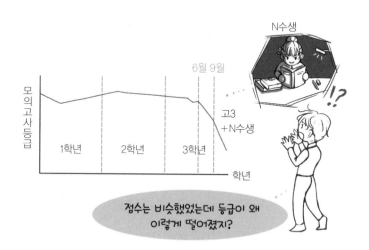

월과 9월에 전국적으로 모의고사 문제를 출제하고, 이때 수능의 절대 강자인 N수생들이 고등학생들을 위협하는 것이지요.

수능에서 반드시 N수생이 유리하다고 말할 수는 없지만, N수생의 위력이 대단하다는 것만은 확실합니다. 왜냐하면 우리나라의 고등학교는 정말 그 종류가 많은데 소위 말하는 명문고에서 생각보다 많은 학생들이 재수를 선택합니다. 실제로 서울 강남에 있는 한 자사고(자율형사립고) A 고교의 2018년도 졸업생을 보면 그 규모를 짐작할 수 있습니다.

다음 그래프를 보면 A 고교 졸업생 중 4년제 대학에 진학한 비율이 34 %, 전문대학에 진학한 비율이 거의 0 %, 기타가 65 %입니다.

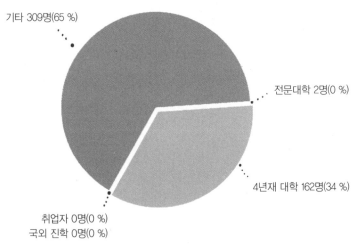

명문 A고교의 졸업생 진로현황

조사 항목 중에 취업자와 국외진학 항목도 있으므로 기타 학생의 대부분은 아마 재수를 선택했다고 보는 편이 합리적 판단일 것입니다.

　A 고교는 입시 명문고로 많은 학생들이 가고 싶어 하는 학교이고, 입시 결과도 정말 뛰어난 학교입니다. 하지만 재수생이 이렇게나 많다는 것은 정시에서 N수생들이 얼마나 강력한 힘을 발휘하는지를 간접적으로나마 알 수 있게 해 줍니다.

　입시전략 측면에서 보더라도 강한 상대를 피하는 것은 굉장히 유리한 전략이라고 말할 수 있습니다. 따라서 수시냐 정시냐 두 가지 전략 중 하나를 고르라고 한다면 **재학생으로서는 수시를 전략 1순위로 두는 것이 가장 유리한 입시전략**이라고 말할 수 있습니다.

물론 N수생이라고 해서 수시를 못 보는 것은 아니지만, 교과와 비교과를 바꿀 수 없다는 측면에서 N수생 대부분은 수능을 기반으로 한 정시 전략을 쓰는 것이 일반적입니다. 그렇다면 수시라는 것은 무엇일까요?

수시 = 교과 + 종합

수시는 고등학교 3학년 학생들이 9월 전후로 최대 6번의 기회를 활용하여 대학에 지원하는 전형입니다. 수능 전에 지원을 하기 때문에 학생들 대부분이 좋건 싫건 일단 지원을 하게 됩니다. 수능 점수가 절대적인 기준이 되는 정시에 비해서 조금 복잡한 구조로 되어 있습니다.

수시 안에서도 다양한 전형들이 있습니다. 복잡하게 이해할 것

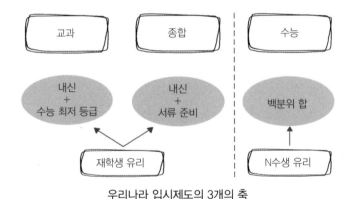

우리나라 입시제도의 3개의 축

없이 우리는 교과전형과 종합전형, 이렇게 두 가지만 정확하게 이해하면 됩니다. 따라서 우리나라 입시제도는 그림과 같이 크게 3개의 축으로 나눌 수 있습니다.

수능은 앞에서도 이야기한 바와 같이 수능 점수를 토대로 일렬로 줄을 세우는 것입니다. 조금 더 들어가면 수능 시험의 각 과목별 점수가 아니라 각 과목에서 내가 어느 위치에 있는지를 가지고 대학 지원 서열이 결정되는데, 이 점수를 백분위 점수라고 합니다. 100명이 줄을 섰을 때 나를 포함해서 내 뒤로 몇 명이 있는지를 점수로 나타낸 것이지요. 예를 들어 국어에서 84점을 맞더라도 100명 중에서 내 앞으로는 4명밖에 없다면 내 백분위 점수는 96점이 되는 것이지요.

상위권 대학에서는 각 과목별 난이도까지 고려한 표준점수를 사용하기도 하는데, 이것까지 알려고 하면 너무 복잡하고, 정시 지원에서는 컴퓨터를 통해 각 대학별 환산 점수로 검토하기 때문에 지금은 굳이 표준점수까지 이해할 필요는 없답니다.

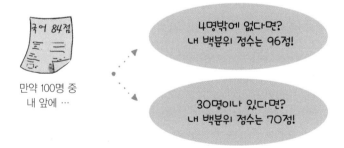

이야기가 길어졌지만 어쨌든 정시는 줄을 세워서 가는 것으로 생각하면 아주 간단히 이해할 수 있습니다. 하지만 앞에서도 말했듯이 N수생과 같이 줄을 서야 한다는 것이 결정적인 아킬레스건입니다.

이제 다시 수시로 돌아오죠. 수시는 크게 교과전형과 종합전형으로 나뉜다고 했는데, **교과전형은 말 그대로 내신이 가장 중요한 합격의 기준이 됩니다.**

각 고등학교끼리의 학력 수준 차이에 따라서 억울한 학생들도 있겠지만, 그래도 교과전형은 내가 다니고 있는 고등학교의 내신이 가장 중요한 기준이 됩니다. 그런데 내가 다니고 있는 고등학교에는 공부를 잘하는 학생들이 많아서 내신에 불리할 수도 있습니다. 이런 경우 너무 억울하겠지요? 그래서 **많은 대학에서는 내신 기준 외에도 조건부로 합격을 시켜 주는 경우가 있는데, 이 조건에 해당하는 것이 바로 수능 성적입니다. 그리고 이 점수가 그 유명한 수능 최저 등급입니다.**

내신이 아무리 좋더라도 각 학교에서 원하는 수능 최저 등급 수준을 맞추지 못한다면 자격이 안 되어 불합격되는 것이지요. 그렇다면 '결국엔 수능 점수나 수능 최저 등급이나 같은 것 아닌가?'라는 질문이 있겠지만, 수능 점수와 수능 최저 등급은 두 가지 측면에서 다릅니다.

첫 번째로 다른 점은 수능에서는 등급을 반영하지 않지만, 수능 최저 등급에서는 이름처럼 백분위 점수를 반영하는 것이 아니라 등급을 반영하기 때문에 훨씬 수월합니다. 같은 2등급이더라도 어떤 학생의 백분위 점수는 95점인데, 어떤 학생의 백분위 점수는 89점일 수도 있습니다. 만약 수능 등급이 같을 경우, 수능 점수로 95점 학생과 89점 학생이 지원할 수 있는 대학은 큰 차이가 있지만, 수능 최저 등급의 관점에서는 모두 똑같은 학생으로 봅니다.

두 번째로 다른 점은 수능에서는 좋건 싫건 모든 과목의 점수를 합한 값이지만 수능 최저 등급에서는 높은 점수가 나온 과목 2개 혹은 3개 정도를 선택한다는 점입니다. 나에게 불리한 과목을 없앨 수 있다는 점에서 수능 최저 등급은 수능과 비교하여 비교적 준비하기 편하다는 장점이 있습니다.

따라서 내가 지원하고자 하는 대학의 수능 최저 등급 기준을 미리 살펴본다면 보다 효과적으로 학습 계획을 세울 수 있답니다.

어쨌든 교과전형도 비교적 이해하기가 쉽습니다. 왜냐하면 내신이라는 숫자, 수능 최저 등급이라는 숫자로 합격생을 선발하기 때문에 예측도 가능하고, 보다 선명하기 때문이지요. 문제는 상위권 대학에서 종합전형과 비교하여 교과전형으로 선발하는 규모가 너무 작다는 데 있습니다.

실제로 지난 2020 대입제도 개편안에서 주요 대학의 전형별 선발 인원은 다음 표와 같습니다. 그에 반해 종합전형의 비율은 매우 높은 편이지요. **종합전형은 학생의 역량을 다양한 방식으로 측정하**

는 전형으로 학교생활기록부, 자기소개서, 추천서, 면접 등을 통해 학생을 선발하는 전형입니다. 전공 역량이라든지 독서 능력, 리더십, 인성 측면 등 학생의 역량을 다면적으로 평가할 수 있어서 상위권 대학에서는 선호하는 전형입니다.

문제는 평가 방식이 워낙 다양하다 보니 선발 기준이 다른 전형에 비해 투명하지 않고, 무한경쟁이 계속되면서 소논문같이 고등학생들의 수준을 넘어서는 서류들이 유행하여 사회적 문제로까지 대두되었습니다. 국가에서도 이러한 문제점을 인식하고 2018년도에 시민 공론화 과정을 거치면서 드디어 2018년 8월에 2022 대입제도 개편안을 확정하여 발표한 것입니다.

📖 2020 대입 주요 대학의 전형별 선발 인원

(단위: %)

대학	학생부 교과	학생부 종합	수능	논술	실기	기타
경희대	0.0	49.5	23.0	13.2	10.1	4.2
고려대	9.6	62.3	16.2	0.0	10.1	1.8
단국대	22.9	28.9	26.5	6.9	13.0	1.8
동국대	0.0	46.6	27.1	14.6	5.0	6.7
서울대	0.0	79.6	20.4	0.0	0.0	0.0
숙명여대	11.0	38.6	26.2	12.4	10.0	1.8
연세대	0.0	34.9	27.1	16.4	19.8	1.8
이화여대	11.9	27.5	20.6	16.6	21.6	1.8
중앙대	11.9	32.3	25.4	16.8	11.7	1.9
포항공대	0.0	100.0	0.0	0.0	0.0	0.0
한양대	9.0	38.7	29.4	11.8	9.3	1.8

출처: 교육부

2022 대입제도 개편안이 중요한 이유

계속해서 말씀드리지만 대입제도가 새롭게 바뀐 데에는 '2015 개정 교육과정'이 배경으로 작용했습니다. 2015 개정 교육과정은 문·이과 통합 교육을 비롯한 여러 획기적인 내용을 담고 있어서 대입제도 역시 큰 개편이 필요했던 것이지요.

원래는 2018년에 고등학교 1학년인 학생들이 2015 개정 교육과정의 첫 대상이었기 때문에 애초에 이 학생들이 치르게 될 2021 대입제도를 개편하는 것이 순서상 맞았습니다.

하지만 기존 수능 중심에서 벗어난 입시제도를 시행하려다 보니 새 대입제도 마련을 둘러싸고 사회적 갈등이 심화되어 교육부는 결정을 1년 유예하였고, 국가교육회의에 공론화 작업을 통해 2022 대입제도 개편안을 내놓게 된 것입니다.

결국, 수많은 우여곡절 끝에 2018년 8월 17일, 2022 대입제도 개편안이 발표되었습니다. 무엇보다 이 개편안이 중요한 이유는 2019년에 고등학교 1학년이 되는 학생부터 초등학교 고학년 학생까지 적용될 확정 제도이고, 개편 내용에 대해 좋고 나쁜 평가를 떠나 어쨌든 미리 예고를 했기 때문에 발표된 방향에 맞춰 준비하는 것이 필요하기 때문입니다.

2022 대입제도 개편안의 핵심 내용

아무리 복잡한 내용이라도 핵심만 잘 짚으면 이해하는 데 문제가 없겠지요? 2022 대입제도 개편안이 아무리 복잡하더라도 제가 정리한 핵심 내용 4가지만 이해한다면 큰 문제가 없을 것입니다. 각 내용이 무엇을 의미하는지도 같이 설명해 드릴 테니 조금만 참으시고 마지막까지 꼭 읽어 보도록 하세요. 2022 대입제도 개편안을 정리하면 다음과 같습니다.

① 정시 확대 → 정시 소폭 확대

원래 2015 개정 교육과정의 핵심은 수능을 자격시험 정도로만 제한하고 학교생활기록부 등 고교 생활의 활동 과정을 통해 학생을 평가하자는 것이었습니다.

사실 수시 비중이 점점 커져 왔고, 2020 대입에서도 수시전형은 약 77 %입니다. 하지만 2022 대입부터는 수시전형의 비중이 소폭 축소될 것으로 보입니다.

N수생들에게 기회를 더 제공하자는 측면과 아직까지 학교생활기록부 등을 가지고 평가하는 것에 대한 부정적 인식으로 2022 대입제도 개편안에서는 수능을 기본으로 한 정시의 비중을 30 % 이상으로 하도록 권고하고 있기 때문이지요.

그렇다면 '이것이 정말 많이 변화한 것인가?'라는 의문이 듭니다.

속을 들여다보면 사실 정시 확대라는 말을 쓰기가 머쓱해집니다.

정시 비중을 30 % 이상 권고하고 있지만, 교과전형으로 30 % 이상을 선발하고 있는 대학에는 이 권고 방침을 적용하지 않기로 했기 때문입니다. 다시 말해 **교과전형으로 전체 정원의 30 % 이상을 모집하는 대학에는 수능 30 % 방침을 적용하지 않습니다.**

교과전형은 앞에서도 설명했지만, 수시전형의 한 종류로, 내신 성적을 중심으로 학생을 선발하며 주로 지방 대학 입시에서 그 비중이 높은 전형입니다. 실제로 교과전형 비중이 30 % 이상인 대학은 2020 대입 기준으로만 봐도 4년제 일반대학 198곳 중 163곳에 이릅니다.

따라서 **정시 비중을 30 %로 올려야 하는 대학은 교과전형으로 30 % 미만을 선발하며, 동시에 정시전형으로 30 % 미만을 선발하는 대학에 국한됩니다.** 실제 살펴보니 2020 대입제도를 기준으로 총 17개 대학 정도로 그 수가 많지 않습니다.

또한, 이들 대학도 대부분 20 % 이상을 수능 전형으로 학생을 선발하고 있어서 2022 대입제도 개편안 발표로 추가될 선발 인원은 결국 4,300명 정도 수준입니다.

그래도 이 개편안이 중요한 의미가 있는 이유는 대부분 주요 대학에 적용되었기 때문인데, 특히 서울대, 고려대, 중앙대, 이화여대, 아주대, 인하대, 성신여대 등에서는 정시전형으로 적지 않은 인원이 늘어날 것으로 보입니다.

하지만 전체적으로 보면 나라 전체를 들썩이게 했던 공론화 과정을 거친 것에 비해 거의 변화가 없다고 보는 것이 이해하기가 쉽습니다.

② 수능 관련 → 상대평가와 수능최저 유지

오히려 2022 대입제도 개편안에서 주목해야 할 점은 바로 수능과 관련된 결정이었습니다.

이번 개편안의 갈등은 '쉬운 수능을 바탕으로 한 절대평가냐', 아니면 '변별력을 유지한 상대평가냐'의 대립이었기 때문입니다.

결과적으로는 상대평가의 승리로 끝났습니다. 즉, '절대평가제의 완전 도입이 무산되었다'라고 말할 수 있습니다. 자연스럽게 수시 전형에서 폐지가 주장되어 왔던 수능 최저 기준도 유지되었습니다.

물론 일부 과목에서만 절대평가제를 유지하는 일종의 절충안이 나왔지만 준비하는 학생 입장에서는 결국 바뀐 게 없어 보입니다. 우리 아이들의 입시 준비에서 어떻게 보면 가장 중요한 분기점이 될 수도 있는 결정이었는데, 너무 많은 절충안들이 겹치다 보니 우리 아이들만 해야 할 것들이 많아진 것은 아닌지 미안한 생각이 들 정도였습니다. 하지만 이미 발표는 끝났으니 여기에 맞춰야만 하겠지요. 변경된 사항을 정리하면 다음과 같습니다.

2022 대입제도 개편안에 따른 수능 변경안 비교

		2021 수능	2022 수능
적용 대상 (2019년 기준)		고2	고1
수능 출제 범위	국어	화법과 작문, 독서, 문학, 언어	**공통**: 독서, 문학 **선택**: 화법과 작문, 언어와 매체 중 택1
	수학	가형(이과): 수학1, 확률과 통계, 미적분 나형(문과): 수학1, 수학2, 확률 과 통계	**공통**: 수학1, 수학2 **선택**: 확률과 통계, 미적분, 기하 중 택1
	영어	영어1, 영어2	
	한국사	한국사	
	탐구	• 일반계(사회/과학 계열 구분): 사회: 9과목 중 택2 과학: 8과목 중 택2 • 직업계: 10과목 중 택2	• 일반계(계열 구분 없음): 17과목(사회 9과목, 과학 8과목) 중 택2 • 직업계: 공통 1과목(성공적인 직업생활) + 선택 1과목(5과목 중 택1)
	제2외국 어/한문	9과목 중 택1 (상대평가 적용 과목)	9과목 중 택1

※ 색칠된 과목은 '절대평가 적용 과목'입니다.

출처: 교육부

바뀐 부분을 정리하면 우선 **수능 과목 선택권이 넓어졌다는 데 있습니다.** 가장 큰 변화는 국어와 수학에서 공통과목이 있고, 선택과목에서 하나를 선택할 수 있다는 점이지요.

극단적으로 이야기하면 제가 고등학교에 다닐 때 확률과 통계라는 과목은 제게 너무 어려운 과목이었지만 수능을 위해서는 무조건 선택할 수밖에 없는 과목이었습니다. 하지만 2022 입시부터는 선택으로 바뀌어 수능 준비를 하지 않아도 됩니다. 이 부분은 학생들의 강점을 극대화할 수 있다는 측면에서 좋은 변화라고 볼 수 있습니다.

또한, 문·이과 통합이라는 교육과정의 변화가 수능에도 반영되어 **탐구 과목에서 사회나 과학 계열 구분 없이 자유롭게 2개의 과목을 선택할 수 있게 되었습니다.**
다만, 이러한 방식은 학생 본인이 관심이 있거나 자신이 있는 과목을 선택하기보다 상대평가의 특성상 많은 학생이 몰리는 과목, 또는 쉽게 공부할 수 있는 과목에만 몰린다는 부작용을 낳을 수 있습니다. 하지만 학생들의 선택권이 많아졌다는 측면에서는 긍정적

2022 수능 이전   2022 수능 이후

인 부분이라고 생각합니다.

　마지막으로 **제2외국어와 한문이 상대평가에서 절대평가로 바뀐 부분인데 실제로 이 부분은 입시에서 크게 영향을 미치지 않을 것으로 보입니다.** 현재 수능에서도 제2외국어와 한문은 그리 큰 영향력이 없기 때문이지요.

　어쨌든 변화 사항을 정리하면 위와 같습니다. 하나하나 설명하면 내용도 복잡해지고 중요한 것을 놓칠 수 있습니다. 수능 관련하여 2022 대입제도 개편안에서 가장 중요한 부분은 상대평가가 유지된다는 점, 그리고 수능 최저 기준이 유지된다는 점이라고 생각하시면 쉬울 것 같습니다. 결과적으로 수시전형을 준비하면서도 '수능 공부를 하지 않을 수 없다!'라는 결론을 내릴 수 있습니다.

③ 대학별 고사 간소화 → 논술전형 단계적 폐지 + 적성고사 폐지

　저는 2022 대입제도 개편안에서 수능이 30 %로 늘었다는 것보다 논술전형이 단계적으로 축소되고 적성고사가 폐지된다는 점이 더 강력한 변화로 들렸습니다.

　왜냐하면 논술전형과 적성고사는 교과전형이나 종합전형과 비교하여 상대적으로 내신의 영향력이 크지 않아 N수생들에게 절대적인 지지를 받는 전형이고, 실제로 N수생들이 수시모집에서 많이 지원하는 전형이기도 합니다.

　그런데 논술전형과 적성고사가 축소되거나 폐지된다고 하니 N수생 입장에서는 수능에서 인원이 늘어나는 것만큼 논술전형과 적성 고사에서 인원이 줄어들어 오히려 '변한 것이 없지 않나?'라고 생각할 수 있기 때문입니다.

또한, 논술전형은 상위권 대학에서 많이 활용하는 전형인데, 논술전형을 축소하거나 없애면 그만큼의 인원을 정시전형이나 종합 전형으로 옮길 수 있어서 오히려 종합전형의 인원이 늘어나는 결과를 낳기 때문입니다.

논술전형은 사교육을 유발하는 대표적인 전형으로 낙인이 찍혀 교육부에서는 계속해서 폐지를 공공연하게 이야기해왔기 때문에 어느 정도 예상은 했지만 그래도 공론화 과정을 통해 2022 대입제도 개편안의 주요 결정 사항으로 발표한 것은 의미가 크다고 볼 수 있습니다.

④ 학종 유지 → 공정성 강화

학생부 종합전형을 '학종'이라고 줄여서 부르곤 합니다. 학종은 이번 발표의 핵심 사항이기도 합니다. 지금까지 학종은 공정성 때문에 말도 많고 탈도 많았던 부분입니다. 그래서 대입제도 개편 뉴스가 나올 때 가장 먼저 대두된 문제이기도 하지요. 결과부터 말하자면 학생부 종합전형은 유지하되 대신 평가의 공정성과 투명성을 강화하는 방향으로 결정되었습니다.

공정성을 높인다는 말이 추상적으로 들리기 때문에 2022 대입제도 개편안에서는 학생부 종합전형 평가의 근간이 되는 학교생활기록부의 기재사항을 단순화하고 투명한 기재 방식을 권고하는 방식으로 발표하였습니다. 이 발표가 왜 중요하냐면 우리 아이들이 중·고등학교에 들어가는 순간부터 이 방식으로 교육과정의 평가가 이뤄지기 때문입니다.

피겨 스케이트 선수와 코치가 채점 가이드라인에 따라 프로그램을 짜듯이 학생들도 평가 기준을 알아야 앞으로 중학교와 고등학교 생활을 보다 효과적으로 계획할 수 있답니다. **상위권 대학을 수시전형으로 접근하기 위해서는 학생부 종합전형을 준비할 수밖에 없고, 학생부 종합전형에서는 학교생활기록부가 가장 중요한 평가 항목**이 되기 때문에 이 부분에 대한 설명은 다음 장에서 더 자세히 설명하겠습니다.

3장

학교생활기록부 관리는 어떻게 하지?

"학교생활기록부의 항목과 개편 내용"

최근 입시에서 학교생활기록부는 대입, 특히 수시전형에서 매우 중요한 평가 요소가 되고 있습니다. 따라서 중학교 때부터 학교생활기록부에 자신의 자기 주도 학습 능력이 어떻게 기록되는지 알아둘 필요가 있지요.

중학교와 고등학교의 학교생활기록부는 약간의 차이만 있을 뿐 매우 유사합니다. 또한, 영재학교, 과학고, 국제고, 외고 등의 고교 입시에서 시행되고 있는 자기 주도 학습 전형은 대입에서의 학생부 종합전형과 매우 유사합니다.

중학교 때 학교생활기록부 관리를 하다 보면 자연스럽게 고등학교 입학 후에도 **학교생활기록부 관리를 보다 효과적으로 할 수 있습**

니다. 학교생활기록부에 자기 주도 학습 능력이 기록되는 항목은 크게 수상경력, 창의적 체험활동 상황, 교과학습 발달상황 내 과목별 세부능력 및 특기사항, 독서 활동 상황 등으로 나눌 수 있습니다.

물론 이제 고등학교에 입학한 학생이라면 당장 3월부터 입력사항을 신경 써야 한답니다. 다행히 2022 대입제도 개편안에서는 학교생활기록부의 항목별 기재 방식에 대해 자세히 설명해 주고 있습니다.

다음의 표는 2022 대입제도 개편안에서 학교생활기록부와 관련된 내용을 정리한 표입니다. 이제부터 학교생활기록부 항목에 따라 어떻게 기재 방식이 바뀌었는지, 또한 어떻게 준비해야 하는지 차근차근 살펴보도록 하겠습니다.

📖 학교생활기록부 항목과 기재사항 변화 비교

항목	현행	개선
인적사항	• 학생 정보, 가족상황(부모 성명, 생년월일), 특기사항	• 학적사항과 통합 • 부모정보(부모 성명, 생년월일), 특기사항(가족변동사항) 삭제
학적사항	• 졸업 연월일, 학교명, 검정고시 합격 정보 등	• 인적사항과 통합
출결상황	• 질병·무단·기타	• 질병·미인정·기타 (※ '무단'→ '미인정')
수상경력	• 수상명, 등급(위), 수상연월일, 수여기관명, 참가대상(참가인원) 입력	• 상급학교 진학 시 제공하는 수상경력 개수 학기당 1개 제한
자격증 및 인증 취득상황(고등)	• 대입자료로 제공	• 대입자료로 미제공

진로희망 사항		• 진로희망, 희망사유 입력	• 항목 삭제 • 학생 진로희망: 창체 진로활동 특기사항에 기재(대입 미제공)
창의적 체험 활동 상황	봉사 활동	• 실적 및 특기사항 기재	• 봉사 활동 특기사항 미기재 (필요시 행동특성 및 종합 의견란에 특기사항 기재 가능)
	동아리 활동	• (자율동아리) 자율동아리명, 활동내용 등을 특기사항란에 기재	• 가입제한은 두지 않되 기재 가능 동아리 개수를 제한(학년당 1개)하고, 객관적으로 확인 가능 사항(동아리명, 동아리 소개)만 기재
		• (소논문) 동아리, 교과세특란에 기재 (논문명, 참여시간, 참여인원)	• 소논문 기재 금지
		• (청소년단체) 교육과정에 편성된 청소년단체, 학교교육계획에 포함된 청소년단체, 학교 밖 청소년단체 활동 모두 기재 (단체명, 활동내용)	• (교육과정에 편성된 청소년단체) 단체명, 활동내용 모두 기재 • (학교교육계획에 포함된 청소년단체) 단체명만 기재 • (학교 밖 청소년단체 활동) 미기재
		• (학교스포츠클럽활동) 구체적 활동내용 기재 (포지션, 대회출전 경력, 역할, 특성 등)	• 학교스포츠클럽활동 기재간소화 (※ 정규교육과정 내: 개인특성 중심) (※ 정규교육과정 외: 클럽명(시간))
	진로 활동	• 진로 관련 활동내용 및 상담 내용 등 기재	• 진로활동 특기사항에 진로희망 분야 기재 추가 (대입 미제공)
	기재 분량	• 특기사항 기재분량: 3000자	• 특기사항 기재분량 축소: 1700자
	누가 기록	• NEIS 활용 전산 기재·관리 원칙	• 누가기록 기재·관리 방법 시도 위임
교과학습 발달상황		• (방과후학교) 방과후학교 활동(수강) 내용 기재 • (교과세특) 특기할 만한 사항이 있는 과목 및 학생에 한해 기재	• 방과후학교 활동(수강) 내용 미기재
자유학기 활동 상황(중등)		• 특기사항 입력	
독서 활동 상황(중·고등)		• 제목과 저자만 입력	
행동특성 및 종합의견		• 기재분량: 1000자 • 누가기록 나이스에서 관리	• 기재분량 축소: 500자 • 누가기록 기재·관리방법 시도위임

출처: 교육부

자율동아리 기재 방식의 변화

2022 대입제도 개편안에서 발표한 학교생활기록부 기재 개선방안에 있어 가장 큰 변화는 자율동아리의 기재 개수가 제한된다는 것입니다.

동아리는 크게 정규동아리와 자율동아리로 나뉘는데 정규동아리는 학생이 필수적으로 가입해야 하는 동아리로, 본 수업 안에서 진로 중심으로 활동이 이어집니다. 반면에 자율동아리는 학생들이 자율적으로 조직한 것으로, 학교의 승인 아래 방과 후 활동이 이뤄지며 독서와 토론에 대한 활동이 주를 이룹니다. 그 전까지는 학교생활기록부에 동아리 기재 개수의 제한이 없었기 때문에 학생들이 경쟁적으로 많은 자율동아리를 개설하여 과도하게 많은 비교과 활동을 진행하고 기록해 왔는데 이번 발표로 학생들의 부담은 어느 정도 줄었습니다.

물론 자율동아리 개설에 있어서는 개수 제한이 없습니다. 기재 개수만 학년당 1개라는 제한을 둔 것이지요. 동시에 동아리의 이름이나 소개 등 객관적으로 확인 가능한 사항만 기재하도록 했습니다. 그 전까지는 자율동아리를 통해 고등학교 수준을 뛰어넘는 논문을 작성하여 학교생활기록부 내 자율동아리 항목에 기재하는 문제가 있었는데, 이러한 문제점들을 원천적으로 차단한 것입니다.

여기에서 학생들에게 시사하는 바는 **이제는 양보다는 질로 승부**

를 걸어야 한다는 것입니다. 자신의 진로를 파악하고 전공과 관계한 역량을 보여 줄 수 있는 확실한 동아리를 제대로 선택함으로서 학생부 종합전형에서 경쟁력을 높일 수 있다는 점이지요.

결국, **효과적인 동아리 선택을 위해서는 중학교 때 자유학기를 이용해 자신의 진로를 구체화하는 것이 매우 중요합니다.** 많은 학생들이 자유학기를 가볍게 생각하는 경향이 많은데, 분명 누군가는 자유학기를 적극적으로 활용하여 자신의 진로를 구체화하고, 이를 동아리 등의 창의적 체험활동으로 연결하고 있다는 점을 명심하세요.

자유학기의 중요성과 준비해야 할 부분들에 대해서는 두 번째 강의에서 자세히 설명할 예정입니다.

수상경력 기재 방식의 변화

수상경력 기재에 있어서도 큰 변화가 있습니다. 지금까지 학생부 종합전형에서 가장 많은 비판을 받아왔던 것이 교내 수상대회 항목이었습니다. 최상위 대학에 진학 가능성이 높은 학생에게만 교내 대회의 수상을 몰아주거나 지나치게 많은 대회를 개최하여 학생들의 입장에서는 과도한 대회 준비, 사교육을 통한 수상 등으로 많은 문제가 발생했기 때문입니다.

2022 대입제도 개편안에서는 가장 큰 문제가 되어 왔던 교내 수상경력에서도 **대학 진학시 제공할 수 있는 수상경력을 학기당 1개만 제공하도록 함으로써 이로 인해 생길 수 있는 문제를 원천 차단하고 있습니다.** 다만, 교내 대회 수상경력을 기재하지 않도록 한 것은 아니기 때문에 거꾸로 생각하면 이렇게 엄선된 수상경력은 학생의 학습 역량을 살펴볼 수 있는 중요한 지표가 될 수도 있습니다.

따라서 수학 및 과학 경시대회, 영어 말하기 대회, 과학 탐구 대회 등 자신이 강점을 가진 분야에 집중하여 적극적으로 참여하는 것이 중요합니다. 보통 학교에서는 1년 동안의 교내 대회 일정을 홈페이지나 유인물을 통해 공지하고 있으므로 학기 초에 올해 치러질 교내 대회 계획을 살펴보고 미리 준비한다면 수상 확률을 높일 수 있을 것입니다.

변화가 없는 독서 활동 상황

독서 활동 상황은 학생이 1년 동안 어떤 책들을 읽어 왔는지 보여 줄 수 있는 중요한 항목입니다. 독서 활동 상황은 과목별로 기재하는 것을 원칙으로 하고 있으며, 읽은 책의 분야가 특정 과목에 해당하지 않는 경우 공통 항목에 기재합니다. 일반적으로는 학생이 교과 선생님께 독서 기록을 제출하면 선생님이 확인 후 책명 및 저자를 기록하는 방식입니다.

2022 대입제도 개편안에서는 독서 활동 상황에 대한 기재에 변화가 없었습니다. 그것은 **독서 활동 상황이 학생부 종합전형의 중요한 평가가 되며, 실제로 독서는 학생들의 지적 역량을 키워주는 중요한 도구가 되기 때문에 모든 사람이 만장일치로 인정한 항목**이라고 볼 수 있습니다.

하지만 많은 학생들이 이 부분을 간과하여 학기 말까지 독서 활동을 미루는 경향이 있습니다. 독서 활동은 중간고사나 기말고사가 끝난 뒤 잠시 교과학습에 대한 부담이 적은 시기에 그동안 배운 내용과 관련된 책들을 도서관이나 서점에서 찾아 읽는 습관을 기르도록 하는 게 좋습니다. 이 시기에 독서 활동을 하면 학습 내용을 정리할 수 있고 학교생활기록부의 독서 활동 상황을 풍부하게 하는 데 큰 도움이 될 것입니다.

실제로 서울대학교의 자기소개서에는 자신에게 영향을 미친 책을 기록하게 하고 있으며, 고입에서 학교생활기록부, 자기소개서, 면접을 통해 학생을 선발하는 자기 주도 학습 전형과 대입 학생부 종합전형에서는 면접에서 독서 항목이 매우 중요한 위치를 차지하고 있답니다.

📖 독서 활동 상황 기재 방식과 사례

학년	과목 또는 영역	독서 활동 상황
2	국어	『지킬 박사와 하이드』(로버트 스티븐슨), 『꽃들에게 희망을』(트리나 폴러스)
	과학	『동물 학교』(김진영), 『과학, 일시정지』(가치를꿈꾸는과학교사모임)
	공통	『서울대생 100인의 시크릿 다이어리』(양현, 조준희), 『토요일의 심리 클럽』(김서윤)

가장 중요한 과목별 세부능력 및 특기사항

학교생활기록부 내에서 학생의 자기 주도 학습 역량과 가장 관련이 깊은 항목이 바로 교과학습 발달상황입니다.

이 항목은 다시 '과목별 성적'과 '과목별 세부능력 및 특기사항'으로 구분되는데, '과목별 성적'은 지필평가와 수행평가를 합산해 나온 성적을 의미합니다. 우리가 흔히 '내신' 또는 '교과'라고 부르는 부분이 바로 이것입니다.

'**과목별 세부능력 및 특기사항**'은 과목별 담당 교사가 학생들의 자기 주도 학습 능력을 기록한 부분을 뜻하지요. '과목별 세부능력 및 특기사항'은 학교생활기록부에서 학생들이 과목별로 어떤 자세로 수업에 임했으며, 성적 이외의 과목별 역량을 기록하는 부분인데, 학교생활기록부 기재 방식과 관련하여 2022 대입제도 개편에서 가장 주목할 부분이 바로 '과목별 세부능력 및 특기사항'입니다.

어떻게 보면 허무하게 들릴 수도 있겠지만 2022 대입제도 개편안에서는 '과목별 세부능력 및 특기사항'에서 아무런 변화가 없습니다. 그런데 왜 이 부분이 중요할까요? 때로는 무엇이 바뀌었는지 살펴보는 것보다 무엇이 안 바뀌었는지 살펴보는 것이 더 중요할 수도 있기 때문입니다.

학교생활기록부 기재 방식과 관련하여 2022 대입제도 개편안을 전체적으로 살펴보면 학교생활기록부 내에 기재되는 내용이 줄어들었습니다.

수상경력과 동아리 활동 등 창의적 체험활동의 기재 내용이 축소되었기 때문이지요. 이러한 변화 가운데서도 '**과목별 세부능력 및 특기사항**'은 전혀 변화가 없고, 학교 선생님들의 관찰 과정이 고스란히 적히기 때문에 그 어떤 항목보다도 중요한 항목이 되었습니다.

이러한 이유에서 학교생활기록부 내에서 가장 중요한 항목 하나를 뽑으라면 단연 '과목별 세부능력 및 특기사항'을 들 수 있습니다.

과목별로 선생님들은 학생들의 수업 활동을 관찰해 성취평가뿐만 아니라 개별적인 학습 특징을 '과목별 세부능력 및 특기사항'에 자세하게 기재하기 때문에 학생들은 수행평가뿐만 아니라 발표 등 다양한 교과 관련 학습 활동에 더 적극적으로 참여해야 합니다.

어떻게 보면 우여곡절이 많았던 2022 대입제도 개편안 안에서도 2015 개정 교육과정이 나아가야 할 방향을 연결해 주는 고리와 같아 보입니다. '과목별 세부능력 및 특기사항'은 수시를 준비할 때 매우 중요한 부분이기 때문에 수행평가, 서술형 평가 대비 방법 등을 포함해 내신을 준비하는 모든 방법은 세 번째 강의에서, 과목별 효과적인 공부법은 네 번째 강의에서 자세히 다룰 예정이니 끝까지 따라와 주세요.

두 번째 강의

What

진로에 맞는 대학을 위해 무엇을
준비해야 할까?

우리 아이 대학교가
고입부터 결정된다고?

"고등학교의 종류, 대학입시에서의 유·불리,
우리 아이에게 맞는 학교 찾기"

초중등학생 부모님들은 대입이 아직 먼 이야기처럼 들릴 수도 있겠지만 최근 입시 결과를 보면 고입이 대입에 큰 영향을 미치고 있다는 것을 알 수 있습니다. 대학에서 전공에 따른 학생들의 종합적인 능력을 평가하고 있기 때문이지요. 그렇기 때문에 학생들의 진로 방향에 맞춰 고등학교 역시 선택할 수 있는 범위가 많습니다.

영재학교, 과학고, 외고, 국제고, 자사고, 예고, 체고, 특성화고, 마이스터고 등 정말로 종류도 많고, 입시 경쟁률도 높아서 어디서부터 어떻게 시작해야 할지 엄두가 나지 않습니다. 또, 영재학교, 과학고, 특목고는 내신에 불리할까 염려되기도 합니다.

학생들의 학습 성향과 목표 대학에 따라 일반고 선택이 유리할 수도 있기 때문이지요. 실제로 일반고에서 충분히 성공할 수 있었는데, 자신의 진로와 공부 스타일에 맞지 않은 특목고에 진학하여 실패하는 사례도 정말 많습니다. 무엇보다 중요한 건 지금 우리 아이에게 맞는 선택을 해야 한다는 것입니다. 즉, 특목고를 목표로 하든 그렇지 않든 간에 '우리 아이에게 꼭 맞는 고입 전략이 무엇인지 아는 것'이 핵심입니다.

📖 우리나라 고등학교의 종류

고등학교 종류	세부
영재학교	과학영재학교 과학예술영재학교
특수목적고 (특목고)	과학고, 외국어고, 국제고, 예술고, 체육고, 마이스터고
자율고	자율형사립고(전국 단위, 시도 단위), 자율형공립고(평준화, 비평준화)
일반고	일반고(평준화, 비평준화), 중점학교(과학, 예술, 미술, 체육), 자율학교(전국 단위, 시도 단위)
특성화고	직업교육 분야, 대안교육 분야

고등학교 종류 살펴보기

고등학교를 선택한다는 말이 생소하게 느껴진다면 이미 입시 정보에서 뒤처지고 있다는 증거입니다. 하지만 이 책을 다 읽고 나면 더 이상 입시 정보를 찾지 않아도 문제없습니다.

고등학교는 우리가 생각하는 것 이상으로 종류가 많아서 나에게 꼭 맞는 학교가 어디인지 알아보려면 우선 고등학교의 종류에 대해 알고 있어야 합니다. 어떤 고등학교가 있고, 언제, 어떻게 학생들을 선발하는지 알아야 준비도 할 수 있으니까요.

다양한 방법으로 고등학교를 구분할 수 있겠지만, 가장 간단한 방법은 선발 시기에 따라 나누는 것입니다. **고등학교는 선발 시기에 따라 크게 전기 이전 학교(영재학교), 전기 고등학교, 후기 고등학교로 나눌 수 있습니다.** 학교를 모집 시기로 구분한 이유는 고입을 준비하는 순서를 알 수 있기 때문입니다. 선발 시기뿐만 아니라 고등학교를 특목고, 자율고, 일반고, 특성화고로 나눌 수도 있습니다.

특목고는 어학(외국어고 또는 국제고)이나 과학(과학고), 예술(예술고), 체육(체육고), 산업 수요 맞춤형 기술(마이스터고)에 재능과 관심이 있는 학생들에게 적합한 학교이고, 자율고는 일반고에 비해 교과목 편성이 자유로워 다양한 과목들을 들을 수 있는 학교입니다. 특성화고는 대입보다는 취업을 염두에 두고 교육과정을 운영하는 학교입니다.

부모가 아이의 관심 분야와 고등학교를 연결해 보는 것도 좋은 고입 전략 중 하나입니다. 다행스럽게도 **고등학교에 대한 정보는 국가에서 인터넷을 통해 한 번에 볼 수 있는 고입정보포털이라는 사이트**

를 운영하고 있습니다. 이곳에서 학교의 특색 있는 교육과정 등을 충분히 살펴볼 수 있기 때문에 인터넷을 이용하여 학교별 특성을 살펴보는 것은 고입 전략을 위한 첫 번째 전략이라고 말할 수 있습니다.

고입정보포털(www.hischool.go.kr)

고등학교별 지원 방식 알아보기

가장 먼저 학생을 선발하는 고등학교는 영재학교입니다. 보통 4월부터 모집을 시작해서 7월까지 전형이 진행됩니다. 영재학교는 1단계에서 서류 평가를 마치고 2단계에서 영재성 검사를 하게 됩니다. 학교별 특징에 대해서는 이후에 자세히 설명하겠습니다.

현재 우리나라에는 총 8곳의 영재학교(한국과학영재학교, 서울과학고, 경기과학고, 대전과학고, 광주과학고, 대구과학고, 인천과학예술영재학교, 세종과학예술영재학교)가 있는데 지원 자체는 중복 지원이 가능하지만 공교롭게도 영재학교의 영재성 검사 날짜가 모두 같아서 어차피 한 곳만을 선택해야 합니다. **만약 영재학교에 떨어지더라도 전기 고등학교인 과학고 지원의 기회가 있습니다.** 하지만 전기 고등학교에서는 단 한 곳만 지원할 수 있습니다. 후기 고등학교에서도 자율고와 특목고는 단 한 곳만 지원할 수 있기 때문에 주의가 필요합니다.

그뿐 아니라 전기 고등학교에 합격하면 후기 고등학교에 지원할 수 없기 때문에 과학고, 마이스터고, 특성화고 등 전기 고등학교에 진학을 희망하는 학생이라면 학교 선택을 신중히 해야 합니다.

또한, 후기 고등학교에서도 지원할 때 주의할 점이 있습니다. **일반고를 선택할 때는 보통 우선순위를 두고 지원하게 되는데 후기 고등학교에서 외국어고나 국제고, 자사고의 경우 단 한 곳만 지원할 수**

있으며 위 학교에 지원하게 되는 경우 위 학교들이 1순위가 됩니다. 원래 교육부에서는 자사고에 지원하는 학생들이 일반고에 중복지원을 할 수 없도록 방침을 세웠지만 2019년 4월 헌법재판소에서 자사고에 지원하는 학생이라도 일반고에 중복지원을 할 수 있도록 판결을 내렸습니다. 그래서 2순위부터는 집에서 가까운 일반고에도 지원할 수 있으므로 너무 걱정할 필요는 없답니다.

그리고 고입 전략에서 빼놓을 수 없는 것이 모집 단위를 아는 것입니다. 모집 단위란 학생선발 범위를 말하는 것인데 전국에 있는 학생들을 대상으로 선발하면 전국 단위, 해당 학교가 속해 있는 광역시·도 학생들을 선발하면 시도 단위라고 합니다.

예를 들어, 외고는 시도 단위 선발을 하는데 경기도에 사는 학생이라면 경기도에 있는 고양외고에는 지원할 수 있지만, 서울에 있는 대원외고에는 지원할 수 없습니다. 단, 자신이 속한 지역에 외고가 없는 경우에는 다른 지역 외고에 지원할 수 있습니다. 예를 들어, 외고가 없는 광주광역시에서 중학교에 다니고 있는 학생이라면 대전외고에 지원할 수 있습니다.

다시 한 번 정리하면 '영재학교(여러 곳 지원 가능) → 전기 고등학교(오직 한 곳 지원 가능) → 후기 고등학교(특목고 또는 자사고의 경우 오직 한 곳 지원 가능)'의 순서대로 지원 기회를 가질 수 있다는 것을 안 뒤, 모집 단위를 보고 내가 지원 가능한 학교가 어디인지 살펴봐야 합니다. 이상의 내용을 정리하면 다음과 같습니다.

📖 모집 시기에 따른 고등학교 구분

모집 시기	고등학교 종류		모집 단위
전기 이진 (4월부터)	영재학교		전국
전기 (8월부터)	특수목적고 (특목고)	과학고	시·도
		예술고	전국
		체육고	전국
		마이스터고	전국
	특성화고		전국 또는 시·도
후기 (12월부터)	특수목적고 (특목고)	외국어고	시·도
		국제고	시·도
	자율고		전국 또는 시·도
	일반고		시·도*

* 일부 자율학교는 전국

영재학교는 어떤 학교일까?

새로운 학기가 시작되자마자 고입이 시작됩니다. 바로 영재학교 입시가 시작되기 때문인데, 보통 4월부터 서류 접수를 시작하므로, **영재학교에 관심이 있는 학생이라면 중학교 1학년 때부터 철저하게 준비를 해야 합니다.**

영재학교는 왜 영재고로 불리지 않을까요? 그 이유는 영재학교가 법적으로 고등학교가 아니기 때문입니다. 하지만 영재학교도 고등학교 학력으로 인정해 주기 때문에 걱정하지 않으셔도 된답니다.

영재학교는 크게 과학영재학교와 과학예술영재학교로 나눌 수 있습니다.

과학영재학교는 우수한 이공계열 전문인력양성을 목표로 하는 학교로, 학생들은 기초과학 분야의 전문심화 교과를 배울 수 있으며 이공계 대학 교수진과 연구 활동을 직접 진행할 수 있습니다.

또한, 과학예술영재학교는 과학, 예술, 인문학 등의 융합적 사고와 연구 역량을 갖춘 융합인재 양성이 목표인 학교로, 과학영재학교의 교과를 압축해 편성하는 한편, 과학, 예술, 인문학 등 융합 분야를 다룬 다양한 교과목을 편성하여 운영하고 있습니다. 우리나라의 영재학교는 모두 8곳이며, 그중 6곳이 과학영재학교, 2곳이 과학예술영재학교입니다.

영재학교는 가장 먼저 학생을 선발하기도 하고 떨어지더라도 과학고 등의 전기 고등학교에 다시 지원할 수 있기 때문에 과학고를 지원하고자 하는 학생들이라면 한 번씩 지원을 해 보는 것이 좋습니다. 아무래도 서류 준비 과정이나 영재 캠프 과정을 거치면서 과학고 입시 경험에도 큰 도움을 받을 수 있기 때문이지요.

영재학교는 시도 단위로 학생을 선발하는 과학고와는 달리 전국 단위로 학생들을 선발하고, 중복 지원이 가능하므로 경쟁률이 높은 편입니다. 특히 중학교 1~2학년까지 지원이 가능한 학교라는 점도 경쟁률 상승에 한 요인이 되고 있습니다.

📖 전국의 영재학교

구분	지역	학교명
과학 영재학교	부산	KAIST 부설 한국과학영재학교
	서울	서울과학고등학교
	경기	경기과학고등학교
	광주	광주과학고등학교
	대구	대구과학고등학교
	대전	대전과학고등학교
과학예술 영재학교	세종	세종과학예술영재학교
	인천	인천과학예술영재학교

※ '과학고등학교'가 붙어 있는 학교도 있지만, 과학고가 아닌 '영재학교'입니다.

학교마다 조금씩 차이가 있지만 영재학교의 전형 과정은 크게 3단계로 진행됩니다. 1단계는 서류 평가로 자기소개서를 통해 수학과 과학, 예술 관련 재능과 흥미를 평가합니다. 이때 추천서도 큰 역할을 하게 됩니다. 특히 성취평가제의 영향으로 내신 변별력이 약화되었기 때문에 서류를 통해서 수학과 과학에 대한 재능과 성장 가능성, 문제해결력 등을 구체적으로 설명해야 합니다. 예를 들어, 어떻게 수학과 과학에 대한 재능을 발견하게 되었고, 관련 경험은 무엇인지 등을 구체적으로 전개하는 것이 중요하지요.

무엇보다 영재학교 전형에서 중요한 전형은 2단계와 3단계 평가 과정입니다. 2단계 영재성 평가는 주로 지필 고사 형식으로 보게 되며, 1단계를 통과한 학생들에게 영재성 검사를 치를 기회를 줍니다. 중등 교육 과정에 기초하여 문제가 출제되기는 하지만 다양한 분야가 합쳐진 융합 문제가 어렵게 나오므로 학교별 기출 문제를 참고하면서 수학과 과학에 대한 다양한 문제를 풀어 보는 것이 중요합니다.

특히 수학과 과학 원리가 실생활에서 어떻게 응용되는지 이해하면서 준비한다면 큰 도움이 됩니다. 언어 이해력과 인문 관련 창의성을 평가하는 학교도 있기 때문에 학교별 영재성 평가 항목을 먼저 확인하는 것도 잊지 말아야 합니다.

마지막 3단계는 영재성 캠프로 지원자들이 모여 함께 활동하면서 학생의 인성과 수학, 과학에 대한 능력을 살펴보는 과정을 거칩니다. 특히 집단 토론이나 발표 등의 과제를 수행하면서 평가하는 항목들이 많아서 발표력과 다른 사람과의 소통 능력을 키우는 것도 중요합니다. 영재학교는 보통 4월부터 7월에 걸쳐 선발 과정이 진행되고 7~8월에 합격자를 발표합니다.

📖 영재학교 선발 과정

단계	명칭	내용
1단계	서류 평가	자기소개서 추천서 학교생활기록부
2단계	영재성 평가	수학·과학 관련 문제 언어 이해력 창의성 평가 융합된 응용 문제해결력
3단계	영재성 캠프 평가	인성 평가 잠재성 평가 수학 능력 평가 커뮤니케이션 평가

과학고는 어떤 학교일까?

영재학교 입시 후에는 곧바로 과학고 입시가 시작됩니다. 이공계 진학에 관심이 있는 학생이라면 누구나 한 번쯤은 과학고 입시를 생각해 보았을 것입니다. 자신만의 입시전략을 세울 때 가장 먼저 해야 할 일은 학교에 따른 입시 방법을 살펴보는 것입니다.

보통 8월 원서 접수를 시작으로 본격적으로 전국 20개 과학고의 입시가 시작됩니다. 학교별로 서류제출 날짜와 면접 날짜, 그리고 고사 날짜가 다르기 때문에 각 학교 홈페이지를 통해 입시요강을 꼭 살펴봐야 하지요. 이공계 대학 진학에 있어 과학고는 절대적으로 유리하기 때문에 많은 학생들이 지원하고 있습니다.

📖 전국의 과학고

지역	학교명
서울	한성과학고
	세종과학고
경기	경기북과학고
인천	진산과학고
	인천과학고
부산	부산일과학고
	부산과학고
울산	울산과학고
대구	대구일과학고
대전	대전동신과학고
강원	강원과학고
충북	충북과학고
충남	충남과학고
경북	경산과학고, 경북과학고
경남	경남과학고, 창원과학고
전북	전북과학고
전남	전남과학고
제주	제주과학고

과학고 입시는 크게 2단계로 나눌 수 있습니다. 1단계에서는 학교장 추천서, 자기소개서, 중학교 때 학생의 과학과 수학 성취도를 검토합니다. 이것을 서류 전형이라고 하는데 과학고 입시에서는 서류전형 외에도 입학담당관이 직접 지원자의 학교에 방문해 면담을 진행하는 방문면담이 이루어지기도 합니다. 이처럼 다소 복잡한 1단계 선발 과정을 거쳐 2단계 대상자를 선발하는데, 보통 2배수 범위 이내에서 선발합니다.

그런 다음 2단계 소집 면접이 이루어집니다. 보통 이것을 면접 전형이라고 합니다. 입시전형이 다소 복잡하지만, 하나씩 준비하면 과학고 입시를 보다 경쟁력 있게 준비할 수 있습니다. 우선 1단계 내신산출 방법을 알고 있어야 합니다.

내신 반영과목, 과목별 비중, 성적 산출방식은 교육청이 결정하게 되는데, 보통 반영 과목은 과학과 수학으로 최소화하여 진행할 것을 권장하고 있습니다.

내신은 A~E등급으로 표시되는 성취평가제(절대평가)로 하며, 일반적으로 수학과 과학 내신에서 반영 학기의 거의 모든 평가는 A등급(90점 이상)을 받아야 합격 가능성이 있습니다. 결국 수학과 과학의 내신 성적 관리는 기본 중의 기본입니다.

이렇게 내신 관리를 잘했다면 과학고 입시 서류를 준비해야 합니다. **보통 과학고 지원자의 내신 성적은 거의 비슷하므로 합격은 서류와 면접에서 결정된다고 보면 됩니다.** 입학담당관은 1단계 전형 시에 학생이 제출한 서류를 검증하고 추가로 자료를 확보하기 때문에 서류를 정말 꼼꼼하게 준비해야 합니다.

　합격을 결정짓는 2단계 소집 면접에서는 제출서류의 내용을 바탕으로 응시자의 꿈과 끼, 인성, 과학적·수학적 잠재적 역량을 평가할 수 있는 면접 문항을 추출합니다. 무엇보다 소집 면접에서는 과학적·수학적 잠재적 역량을 평가할 수 있는 문항이 굉장히 중요합니다. 단순히 교과지식을 묻는 형태의 구술 면접, 적성 검사 등의 질문으로 학생들을 평가할 수 없기 때문에 수학 및 과학 관련한 단편 지식을 암기하는 형태로 준비하면 안 됩니다.

　그보다는 과학 및 수학에 대한 창의성, 잠재력, 자기 주도 학습 역량, 인성 등을 종합적으로 평가할 수 있는 융합형 문항들이 출제되므로 이와 관련한 기출 문항과 예상 문제들을 접해 보면서 미리 연습하는 것이 중요합니다. 과학적·수학적 잠재적 역량을 평가하는 항목 외에도 서류 준비에 바탕을 둔 면접 평가 항목도 중요한데 이를 정리하면 다음과 같습니다.

📖 과학적·수학적 잠재적 평가 문항 외에도 생각해 볼 수 있는 평가 항목

	항목	내용
1	지원 동기와 진로 계획	과학·수학 분야의 관심과 흥미, 과학고 지원 동기, 꿈과 끼를 살리기 위한 활동 계획과 진로 계획
2	자기 주도 학습 과정	학습을 위해 주도적으로 수행한 목표 설정과 계획 → 학습 과정 → 결과 및 평가에 이르는 모든 과정(교육과정에서 진로 체험, 자유학기제 기간 동안의 꿈과 끼를 살리기 위한 활동 및 경험 등 포함)
3	탐구·체험활동	탐구(과학·수학) 및 체험활동에 따른 독자적 성장과 성숙한 가치관
4	독서 활동	과학·수학, 진로, 교양 관련 독서 결과 및 활동에 따른 지적 성장과 성숙한 가치관
5	봉사 활동과 핵심 인성요소 관련 활동	자기소개서, 학교생활기록부 행동특성 및 종합의견, 봉사 활동, 교사추천서에 기재된 핵심인성 요소 관련 주도적 활동과 자아 성장 내용

외고와 국제고는 어떤 학교일까?

외고는 외국어에 능숙한 인재를 양성하기 위해 설립된 학교이고, 국제고는 국제전문 인재를 양성하기 위해 설립된 학교이기는 하지만 두 학교 모두 입시 측면에서 비슷한 점이 많습니다. 두 학교 모두 **1단계에서 중학교 때 영어, 국어, 사회 내신을 평가한 뒤에 2단계에서 자기소개서와 학교생활기록부를 기반으로 한 면접을 통해 학생을 선발**하기 때문입니다.

다른 점을 꼽는다면 외고는 영어, 프랑스어, 독일어, 중국어, 일본어, 스페인어, 러시아어, 베트남어, 아랍어 등의 전공이 설치되어 있으며, 개설 학과는 학교별로 다르고 외고는 학과별로 지원해야 하기 때문에 내가 진학하고자 하는 외고에 어떤 전공이 설치되어 있는지 미리 살펴봐야 합니다.

이에 반해 국제고는 외고와 달리 전공학과별로 나누어 운영하지 않습니다. 대신 국제 계열 과목을 50 % 이상 편성하여 국제무대에서 다양한 사람을 만나 폭넓은 대화를 나눌 수 있도록 차별화된 교육 환경을 마련하고 있습니다. 최근 대학에서 외국어 특기자 전형 선발 폭이 축소되고 내신의 불리함 때문에 입시 측면에서 학생들이 지원에 많은 고민을 하고 있지만, 외국어를 좋아하고 국제적 감각을 키워 외국 유학까지 고려한다면 외고와 국제고의 교육 환경이 굉장히 매력적인 것임은 틀림없습니다.

자율고는 어떤 학교일까?

자율고는 획일화된 교육과정에서 벗어나 말 그대로 교과 편성에 자율성을 주어 보다 다양한 교육을 할 수 있도록 만든 학교입니다. **자율고는 사립이냐 공립이냐에 따라 자율형사립고(자사고), 자율형공립고(자공고)로 나뉩니다.** 자사고는 학교의 건학이념에 따라 교육과정 및 학사운영 등을 자율적으로 운영하여 보다 다양하고 개성이 있는 교육을 진행할 수 있도록 하고, 세계화 시대에 발맞추어 창의적 인재육성과 학생과 학부모의 다양한 요구를 충족시키기 위한 학교입니다.

이를 위해 학교는 다양한 교육과정, 능력에 따른 무학년제 수업, 수업일수 증감 등의 학사운영을 탄력적으로 운영할 수 있습니다. 이 때문에 다양한 활동을 통해 자신의 꿈과 끼를 펼치는 것을 좋아하는 학생이라면 교육 프로그램의 장점을 충분히 활용할 수 있습니다.

자사고는 선발 범위에 따라 크게 전국 단위로 선발하는 학교와 시도 단위로 선발하는 학교가 있습니다. 전국 단위의 학교로는 용인외대부고, 북일고, 상산고, 김천고, 포항제철고, 광양제철고, 인천하늘고, 현대청운고, 민족사관고 등이 있는데, 이러한 학교들은 전국의 인재들을 대상으로 학생을 선발하고 있으므로 소위 명문고로 불리고 있고 많은 학생들이 관심을 가지고 있는 학교입니다.

시도 단위 자사고 역시 교육과정을 자율적으로 운영하고 있으며 지역의 우수 인재들이 모이기 때문에 학업 분위기 측면에서 큰 장점이 있습니다. 다만, **일반고와 비교하면 3배 정도 학비가 비싸다는 단점이 있고, 일반고보다 상대적으로 내신이 불리하다는 단점이 있습니다.** 하지만 학생부 종합전형을 준비할 때 다양한 비교과 준비 측면에서 유리한 점이 있고, 재학생들의 학업 수준이 높기 때문에 학습 분위기가 좋다는 장점이 있습니다.

자사고는 서류와 면접을 통해 학생을 선발하는 고입 전형 '자기 주도 학습 전형'으로 학생을 선발하고 있습니다. 이때 학교마다 또는 지역마다 내신 반영 방식과 면접 대상자 선발 방식의 차이가 있으므로 지원하고자 하는 학교의 전형 방식을 사전에 파악해야 합니다. 일반적으로 전국 단위 자사고의 지원 방식은 1단계에서 주요 과목의 성취평가를 통해 면접 대상자를 선발하며, 자기소개서와 학교생활기록부를 바탕으로 한 면접을 거쳐 학생을 선발합니다.

반면, 서울 같은 평준화 지역 시도 단위 자사고의 경우 1단계에서 일정 배수 추첨 방식으로 면접 대상자를 선발하며, 면접 대상자들만 자기소개서와 학교생활기록부와 같은 입시 서류를 제출한 후 면접을 봅니다.

참고로, 자공고는 정부와 지방자치단체가 육성하는 새로운 개념의 공립학교로 교육 여건이 열악한 지역의 공립고등학교를 선정하여 교육과정과 프로그램을 특성화, 다양화함으로써 전인 교육*을 실현하는 것을 목표로 설립된 학교입니다.

자공고는 입시 위주 교육에서 벗어나 다양한 방법의 전인 교육을 시도하는 학교로, 진보한 형태의 공교육 모델을 만드는 목표를 가진 학교이지만 최근 공교육 강화 정책 등으로 일반고에서도 다양한 교육 프로그램이 운영되고 있어 예전만큼 큰 차이는 없어졌습니다. 자공고의 선발 방식은 일반고와 마찬가지로 평준화 지역에서는 추첨 배정 방식으로, 비평준화 지역에서는 내신 및 선발고사 등의 방식으로 학생을 선발하고 있습니다.

* 전인 교육: 지식이나 기능 따위의 교육에 치우치지 않고 인간이 지닌 모든 자질을 조화롭게 발달시키는 것을 목적으로 하는 교육

우리 아이의 진로와 학과를 탐색하자

"고입을 위한 자기소개서 작성 방법과
고등학교 선택 전략"

지금까지 다양한 고등학교의 종류와 특징에 대해 살펴보았습니다. 이렇게 고등학교의 종류를 살펴본 것은 자신에게 어떠한 고등학교가 유리할까 하는 선택 기준을 마련하기 위해서입니다. 자신의 진로 목표와 개인의 성향에 따라 가장 유리한 고교는 어디인지 판단해야 입시에서 큰 효과를 볼 수 있습니다.

이번 장에서는 고등학교 입학을 위해 자기소개서를 어떻게 작성해야 하는지 상세하게 알아보고, 우리 아이에게 어울리는 고등학교를 찾는 방법에 대해 이야기를 하겠습니다.

고입 자기소개서는 어떻게 작성할까?

특목고와 자사고 입시를 준비하는 학생이라면 누구나 한 번쯤 들어 봤을 서류가 바로 '자기소개서'입니다. 특히 2015학년도 입시부터 내신 성적이 90점 이상이면 A를 주는 방식인 '내신 절대평가제'가 반영되면서 자기소개서의 중요성은 그 어느 때보다 커지고 있습니다.

자기소개서와 면접은 해마다 그 영향력이 점점 커졌습니다. 하지만 막상 입시가 닥쳐서야 자기소개서를 서둘러 쓰는 학생들이 많습니다. **자기소개서는 밀린 일기처럼 한꺼번에 쓸 수 없기 때문에 미리미리 자기소개서의 요소를 파악하고 준비해야 합니다.**

자기소개서를 작성할 때 글자 수는 학교마다 차이가 있습니다. 일반적으로 과학고에서는 3,000자 정도의 분량을 작성하고, 외국어고와 국제고, 자사고의 경우에는 1,200~1,500자 정도의 분량을 적습니다. 하지만 글자 수보다 중요한 것은 경쟁력 있는 내용입니다. 따라서 경쟁력 있는 내용을 작성하기 위해서는 먼저 자기소개서에 어떤 내용을 적어야 하는지 살펴보는 것이 중요합니다. 학교에 따라 작성 항목에 약간씩 차이가 있기는 하지만 아래와 같이 크게 두 가지 영역으로 나누어 살펴볼 수 있습니다. 꿈과 끼 영역과 인성 영역이 그것입니다.

📖 자기소개서의 두 가지 영역

영역	내용
꿈과 끼 영역	• 자기 주도 학습 과정에 대한 설명 • 꿈과 끼에 대한 설명 • 지원 동기와 진로 계획에 대한 설명
인성 영역	• 핵심 인성 요소에 대한 활동 실적과 이를 통해 느낀 점

꿈과 끼 영역 작성 방법

꿈과 끼 영역에는 구체적인 자기 주도 학습 과정이 들어가야 하는데 중학교 기간 동안 스스로 수행했던 학습 목표 설정, 계획, 학습, 그리고 결과 평가까지의 전 과정을 구체적으로 나타내야 합니다. **자기 주도 학습 전형 평가에서 중요하게 보는 것 중 하나가 지원자의 자기 주도 학습 능력이기 때문에, 최대한 구체적으로 표현하는 것이 중요합니다.**

또한, 자신의 꿈과 끼를 보여 줘야 합니다. 물론 이 모든 것은 진학하고자 하는 학교의 특성에 맞추어 기록해야 하겠지요. 이것과 연관된 내용이 '지원 동기'인데, 자기소개서에서 매우 중요한 항목입니다. 결국 자신의 꿈과 끼에 대한 진지한 고민 없이 자기소개서를 쓰는 것은 의미가 없다고 할 수 있습니다. 스스로의 꿈과 끼를 정확하게 깨닫지 못한 채 자기소개서를 작성하게 되면 일반적인 내용으로만 채워질 가능성이 높기 때문입니다.

꿈과 끼 영역을 작성할 때는 아래와 같은 점에 주의하면서 작성하면 보다 경쟁력 있는 자기소개서를 작성할 수 있습니다.

① 자기 주도 학습 과정에 대한 설명

예습과 복습을 철저히 한다거나, 시험 계획을 잘 세워서 준비했다든가, 자투리 시간을 이용해서 공부했다고 기록하는 등 일반적인 학습 내용을 적는다면 자기 주도 학습 능력을 평가할 때 변별력을 줄 수 없습니다.

글자 수의 제한을 고려해서 하나를 적더라도 자신만의 구체적인 자기 주도 학습 사례를 적는 것이 좋습니다.

② 꿈과 끼에 대한 설명

진로 교육의 중요성이 강조되고 있는 분위기에서 각 학교들은 학생의 꿈과 끼를 중요한 평가 요소로 삼고 있습니다. 이 부분의 경쟁력을 높이기 위해서는 자신의 꿈이 어떠한 가치를 지니고 있는지, **또 실제 경험의 바탕 위에서 꿈과 관련한 자신의 끼가 중학교 3년 동안 어떻게 표현되었는지 증명해야 합니다.**

특히 과학고 지원자의 경우 입학의 적합성을 판단할 때 중요한 자료가 될 '탐구 및 활동 사례' 등에 관한 가장 구체적인 내용을 담아야 합니다.

③ 지원 동기 및 진로 계획에 대한 설명

아무리 역량이 뛰어나더라도 지원자의 진로 방향이 학교 특성과 맞지 않는다면 입학담당관은 그 학생을 선발할 수 없습니다. 이 부분을 작성할 때는 반드시 **학교의 인재상, 교육과정, 동아리 등을 먼저 조사해 보고, 자신의 진로와 관련성을 나타내야 합니다.**

또한, 졸업 후 대학에서 어떤 전공을 선택할지에 대한 내용도 구체적으로 작성한다면 더욱 경쟁력 있는 자기소개서를 만들 수 있습니다.

인성 영역 작성 방법

많은 학생들이 "인성 영역은 도대체 어떻게 쓰는 거예요?"라고 묻는 경우가 많습니다. 인성이란 눈으로 볼 수 있는 것도 아니고 평소에 인성에 대해 생각해 본 적이 거의 없기 때문에 자기소개서를 쓸 때 매우 까다로운 항목입니다. 그렇다고 인성 영역을 아무렇게나 쓸 수는 없습니다. 그렇다면 자기소개서의 필수 항목인 인성 영역은 어떻게 작성하면 좋을까요?

인성이란 너무나 많은 것들을 포함하는 단어이기 때문에 표현하는 방법 역시 많을 수밖에 없습니다. **자기소개서에서 집중적으로 다루는 인성은 크게 7가지입니다. 이것을 '자기소개서의 7가지 핵심 인성 요소'라고 합니다.** 나눔, 배려, 협동, 갈등 관리, 규칙 준수, 타인 존중, 관계 지향성이 그것입니다. 필수 인성 요소들의 공통점이라고 한다면 7가지 모두 다른 사람과 관련된 인성이라는 것입니다.

결국 자기소개서에서 주요 평가되는 인성은 개인적 측면에서 끝나는 인성(예를 들어, 착하다, 심성이 곱다, 마음이 따뜻하다 등)보다는 다른 사람들과 관련이 있는 인성입니다. 개인의 차원을 넘어 건강한 사회인이 가져야 할 기본 자질 정도로 생각하면 인성 영역을 보다 이해하기 쉽습니다. 하지만 7가지 인성 요소 자체는 굉장히 추상적인 개념이므로, 반드시 그 의미를 구체적으로 이해하고 있어야 합니다. 다음 표에 각각의 핵심 인성 요소를 정리했습니다.

📖 7가지 핵심 인성 요소

핵심 인성 요소	설명
나눔	다른 사람과 함께 희로애락을 공감할 수 있는 인성이다. 이를 바탕으로 자신이 가진 것을 자연스럽게 나눌 수 있는 것을 뜻한다. 물질적인 것뿐만 아니라 시간, 재능, 감정 등 모든 것을 포함한다.
배려	다른 사람에게 관심을 가지고 도와주거나 마음을 써서 보살펴 주는 것을 뜻한다.
협동	다른 사람과 서로 힘과 마음을 합쳐 공동의 목표를 달성할 수 있는 것을 뜻한다.
갈등 관리	다른 사람과 감정이나 생각하는 것이 다를 경우에 생겨난 문제들을 어떻게 해결할 수 있는지를 뜻한다.
규칙 준수	함께 지키기로 정한 사항이나 규칙을 얼마나 존중하며 실행하는지를 뜻한다.
타인 존중	다른 사람의 의견이나 행동을 가볍게 생각하지 않고 중요하게 여기는 것을 뜻한다.
관계 지향성	다른 사람과의 관계를 중요하게 여기고 서로 도움이 되도록 사귀거나 영향을 주고받는 정도를 뜻한다.

인성 영역을 작성할 때에는 반드시 중학교 때의 활동을 통해 자신의 인성을 나타내야 합니다. 하나를 적더라도 구체적으로 적어야 한다는 자기소개서 작성 원칙은 인성 영역에도 똑같이 적용됩니다.

따라서 인성 영역을 작성하기 전에 중학교 3년 동안 자신이 경험한 활동에는 무엇이 있었는지 살펴봐야 합니다. 대표적인 활동으로는 봉사 활동, 체험활동, 동아리 활동 등을 예로 들 수 있습니다.

그런 다음 자신이 경험한 활동 중에 7가지 핵심 요소와 관련이 있는 에피소드가 있었는지 생각해 봅니다. 잘 생각나지 않는다면 학교생활기록부의 과거 기록을 보면서 생각해 보는 것도 좋습니다. 물론 글자 수의 제한 때문에 위에서 설명한 핵심 인성 요소 7가지 모두를 다 적을 수는 없습니다.

보통 자기소개서에는 위에서 설명한 7가지 핵심 인성 요소 중 자신을 가장 잘 드러낼 수 있는 인성 요소 한두 가지를 선택하고 이와 관련 있는 에피소드를 중심으로 적습니다. 단순히 활동 과정만 서술하면 자기소개서의 경쟁력을 높일 수 없기 때문에 반드시 느낀 점과 삶의 변화까지 적어야 합니다. 과거 시점에서 단순히 활동만 나열하지 말고 현재까지 어떠한 영향을 미치고 있는지 기술해야 더욱 경쟁력 있는 자기소개서를 만들 수 있습니다.

일반고 선택 전략

고등학교를 선택할 때 대부분의 학생과 학부모가 가장 크게 고민하는 문제는 아마 내신에 유리한 일반고와 교육 인프라가 좋은 자사고, 특목고 중에서 어느 쪽을 고를 것인가에 있을 겁니다.

과학이나 수학, 또는 외국어에 재능이 있고 그와 관련한 학과를 목표로 이미 진학 설계를 한 학생이라면 특목고를 지원했겠지만, 아직 특별한 전공을 정하지 못한 학생들은 자사고 중에서도 막연하게 면학 분위기가 좋다거나 대입 실적이 좋은 학교에만 관심을 가지기 쉽습니다.

하지만 학교의 면학 분위기와 교육 프로그램이 나에게 적합한지 알아보지도 않고 무턱대고 지원하면 오히려 실패할 확률이 높습니다. 일반고 역시 입시전략에서 유리한 점이 많기 때문에 일반고 전략의 특징을 미리 살펴보고, 나에게 일반고가 더 유리하다면 일반고를 선택하는 것이 더 효과적인 방법이겠지요. 일반고의 특징을 간단하게 정리하면 다음과 같습니다.

일반고의 최대 강점은 내신에 유리하다는 것입니다. 특히 입시제도가 수시에서 내신을 기본으로 하는 학생부 위주로 진행되는 흐름 속에서 학생부의 중요성이 그 어느 때보다 커지고 있기 때문에 학교 내신에 강점을 가질 수 있다면 오히려 일반고에 진학하는 것이 입시에서 유리할 수 있습니다.

먼저 일반고에서는 내신을 어느 정도 보장받을 수 있다면 학과를 정해서 비교과 영역을 미리 준비하여 상위권 대학 진학 확률을 높일 수 있다는 장점이 있습니다.

사실 지금까지는 학생부 종합전형에서 일반고가 자사고에 대해 비교 우위를 갖기에 제약이 많았습니다. 하지만 2013년 10월 29일에 발표된 교육부의 일반고 교육역량 강화 방안을 살펴보면 이러한 제약은 점차 해소될 것으로 보입니다.

그동안 일반고는 학생 수 기준 70 % 이상으로, 전체 고교의 대다수를 차지하고 있음에도 학생 선발권과 교육과정 자율성 등에서 특목고나 자율고보다 상대적으로 차별을 받고 있다는 인식이 있었습니다. 이 때문에 교육부에서 일반고 강화 방안을 발표한 것으로 보입니다. 발표된 일반고 교육역량 강화 방안에는 여러 가지 내용이 있지만 그중 핵심은 교육과정 편성에 있어서 기존에 자율고에 주었던 자율성을 일반고 전체에 보장하는 것입니다.

대표적인 변화로는 필수이수단위를 줄인 것입니다. **필수이수단위란 반드시 수강해야 하는 과목과 시수를 말하며, 한 학기에 주중 1시간이 편성되어 있다면 1단위로 계산합니다.** 새로운 방안에 따르면 일반고의 필수이수단위가 116단위에서 86단위로 무려 30단위가 줄었습니다.

이렇게 되면 의무적으로 수업해야 하는 과목과 시수에서 벗어나 각 학교가 자율적으로 다양한 특성을 반영한 교육과정을 편성하고 운영할 수 있으므로 입시전략도 특색 있게 구사할 수 있습니다.

또한, 학생들의 진로와 적성을 고려하여 외국어, 과학, 예체능, 직업 등 다양한 학교 내 진로집중과정을 개설하고, 인근 학교와 연계하여 소수 선택과목, 직업 소양 과목 등을 개설하는 교육과정 거점 학교 운영 방안도 확산했습니다. 이를 통해 학생들이 진로를 선택할 수 있는 폭도 넓히고 전공역량도 키운다는 것이 일반고 교육역량 강화 방안의 목적입니다.

이러한 흐름 때문에 최근 외고 및 자사고 폐지에 대한 이슈도 수면 위로 떠오른 것이라고 볼 수 있습니다. 결국 일반고의 역량을 자사고의 수준까지 올린다는 정책 방향이라고 볼 수 있습니다. 물론 이러한 정책이 입시에서 어느 정도 영향력을 미칠지는 미지수입니다. 하지만 점차 개선되고 있는 교육 프로그램과 내신에서의 유리함 등을 고려해 볼 때 과거와 달리 일반고 선택 전략도 매우 중요한 입시전략의 하나입니다.

실제로 특목고나 자사고에 진학한 후 학교에 적응하지 못하거나 내신의 불리함을 깨닫고 중간에 학교를 그만두는 사례가 적지 않기 때문입니다. 신학기가 시작되고 중간고사가 끝난 후에 특목고와 자사고에서 인원을 충원하는 것만 보아도 쉽게 알 수 있습니다.

1. 현재 내신 등급이 아주 좋거나 내신 등급을 활용하여 진학하고 자 하는 학생들은 오히려 특목고보다 일반고 전략이 유리할 수 있다.

2. 일반고에서 좋은 내신 등급을 받기 위해서는 진학하고자 하는 일반고의 전체적인 학력 수준을 파악하는 것이 중요하다. 학교 알리미 사이트(www.schoolinfo.go.kr)를 보면 우리나라 모든 학교의 학력 수준을 알 수 있다.

3. 일반고 중에서도 중점 학교와 같이 특정 교과에 집중할 수 있는 학교가 있고, 한일고, 공주대부설고, 양서고와 같이 전국 단위 혹 은 시·도 단위로 우수한 학생들을 선발하는 자율학교들이 있다. 교과 운영에 있어 자율성이 크고 명문고들이 많으므로 학업 분 위기를 중요하게 생각하는 학생이라면 사전에 각 학교 입학처에 지원 방법, 합격 가능성 등에 대해 문의를 해야 한다.

4. 일반고 중에서도 학교마다 특별 교육 프로그램들을 운영하는 곳 이 많다. 특별반을 운영한다거나 동아리 특화, 방과후 학교 프로 그램 등을 통해서 구술 면접을 준비하는 등 다양한 프로그램들 이 있으므로 반드시 해당 학교 홈페이지를 통해 교육 프로그램 을 살펴봐야 한다.

5. 마지막으로 해당 일반고의 진학 실적을 살펴봐야 한다. 수시로 많은 합격자를 내고 있는지 정시가 강한 학교인지 살펴서 내가 가고자 하는 학교와 전형에 유리한지를 반드시 따져봐야 한다.

어떤 기준으로 학교를 선택하지?

만약 내가 정말로 내신 확보에 자신이 있다면 일반고에 진학하여 학생부 교과 중심 전형에 집중한 뒤에 비교과를 챙겨 상위권 대학을 목표로 하는 것이 좋은 전략입니다. 특히 서울대, 고려대, 이화여대, 경희대 등 많은 학교에서는 학교장 추천전형으로 적지 않은 학생을 선발하고 있기 때문에 일반고 선택 전략은 매우 유용합니다.

자기 주도 학습 능력과 의지, 전공에 대한 확신이 있다면 일반고에 진학하는 것 역시 적극적인 입시전략이라고 할 수 있습니다. 교과 내신에서도 경쟁력을 가지고, 일반고의 전공역량 프로그램을 활용해 특목고, 자사고 학생들과 경쟁하여 두 마리 토끼를 잡을 수 있기 때문입니다.

하지만 학습 분위기에 영향을 받는다면 오히려 중학교 때 실력보다 더 떨어질 수 있다는 점과 수능 점수에서 고득점이 힘들어 최저 등급을 맞추는 데 힘들다는 단점도 있을 수 있습니다.

한편, 동아리 활동이나 연구 활동 등 비교과 활동에서 강하고 더 공격적인 목표로 최상위권 대학에 도전해 보고 싶다면 비교과 준비에 있어서 최고 수준을 준비할 수 있는 전국 단위 자사고를 선택하는 것도 나쁘지 않습니다. 하지만 중학교 때 주요 과목을 단순암기 위주로 얕게 공부하여 내신은 좋지만 기본적으로 과목별 학습 역량이 부족하다면 특목고나 자사고에서 공부하는 것이 버거울 수 있습니다.

특목고와 자사고에서는 학습 능력뿐만 아니라 그에 따른 응용력이 결정적인 경쟁력이 되기 때문입니다. 물론 학과 수학에 자신이 있고, 이공계 진학을 목표로 하는 학생이라면 영재학교와 과학고 지원 전략을 최우선 순위로 두고 준비해야 합니다.

이처럼 각 학교마다 장단점들이 있기 때문에 **내게 가장 큰 효과와 이익을 줄 수 있는 고등학교, 목표 대학에 적합한 학습 로드맵과 전략을 뒷받침해 줄 수 있는 고등학교를 사전에 파악하는 것이 중요합니다.** 고등학교 선택의 가장 중요한 열쇠는 현재 중학교 내신이 지원하고자 하는 특목고나 자사고의 합격 가능권 안에 드는지 아닌지가 아니라 공부 습관, 의지, 전공에 대한 확신이라고 할 수 있습니다.

세 번째 강의

How

여전히 중요한 내신 성적

어떻게

관리해야 할까?

1장

학부모라면 꼭 알아야 할 내신 산정 방식

"내신 계산 방식 익히기"

입시를 준비할 때는 세 가지 열쇠를 가지고 있어야 합니다. 첫 번째 열쇠는 내신, 두 번째 열쇠는 비교과 활동, 세 번째 열쇠는 수능이지요. 세 가지 열쇠 모두 중요하지만 그중 입시 준비의 기초가 되는 것은 당연히 내신입니다.

중학교에 올라오면서 많은 학생이 내신 때문에 무척 당황하게 됩니다. 초등학교 때는 내신에 대해 별로 생각하고 있지 않다가 중고등학교에 올라오면 과목별로 성적 수준을 금세 알 수 있고 '반에서 내가 몇 등을 하는지?', '전교생들의 성적 수준은 어떻게 되는지?' 금방 알 수 있기 때문이지요.

모든 과목을 잘하는 학생이야 큰 문제가 없겠지만, 학생 개개인의 특성에 따라 좋아하는 과목과 싫어하는 과목이 있고, 더군다나 고등학교에 올라가면 교과별로 다양한 과목을 배우기 때문에 공부양도 점점 많아져서 지금 입시에서는 그 어느 때보다 내신 관리를 전략적으로 하는 것이 중요하답니다.

이러한 내신 관리를 전략적으로 하기 위해서는 가장 먼저 내신이 어떤 방식으로 측정되는지 살펴보는 것이 필요합니다.

절대평가 방식 vs 상대평가 방식

내신 측정 방법은 크게 두 가지입니다. 절대평가 방식과 상대평가 방식이 그것입니다.

절대평가 방식은 내가 받은 점수를 기준으로 하여 일정하게 정해놓은 점수를 넘으면 그에 맞는 등급을 부여하는 방식입니다. 현재 중학교 평가 방식은 A등급부터 E등급까지 5단계로 구분하여 평가하는 절대평가 방식을 채택하고 있으며, 이를 성취평가제라고 부르기도 합니다.

반면에 **상대평가 방식은 학교 내에서 같은 과목을 수강하는 학생 중에 몇 퍼센트 안에 드느냐로 등급을 구분하여 평가하는 방식입니다.** 고등학교에서는 상대평가 방식인 석차 9등급제 방식으로 진행됩니다. 말 그대로 과목별 내신 등급을 9개로 나누고 일정 비율 안에 들게 되면 그에 맞는 등급을 부여하는 방식이지요.

절대평가 방식과 상대평가 방식 각각의 내신 등급 부여 방법과 장단점을 정리하면 다음과 같습니다.

성취평가제와 석차 9등급제의 비교

성취평가제 (절대평가)	항목	석차 9등급제 (상대평가)
미리 정해 놓은 기준에 따라 특정 영역의 성취 여부 평가	평가 방식	개인이 얻은 점수를 집단 기준과 비교한 상대적인 서열 평가
학생이 무엇을 알고, 무엇을 할 수 있는지에 대한 정보 제공	목적	개인차 변별 및 상대적인 위치 파악
평가 기준과 수행 정도	비교 대상	개인과 개인
A-B-C-D-E	점수 기록	1등급~9등급
90점 이상: A 80점 이상: B 70점 이상: C 60점 이상: D 60점 미만: E	등급 구분	상위 4 %까지 1등급 ~11 %까지 2등급 ~23 %까지 3등급 ~40 %까지 4등급 ~60 %까지 5등급 ~77 %까지 6등급 ~89 %까지 7등급 ~96 %까지 8등급 ~100 %까지 9등급
협동 학습 분위기 조성, 탐구 정신 발휘, 지적성취 유발을 통한 창의·인성 수업 방식 활성화	장점	상호 경쟁을 통한 발전 유도
경쟁을 통한 외적 동기 유발 부족	단점	집단 내 지나친 배타적 경쟁을 유발하여 인성 교육에 부적절

내신 관리의 시작은 측정 방법을 아는 것에서부터!

상대평가에서는 아래의 식으로 내신 석차(등수)를 계산합니다. 계산식은 다음과 같습니다.

$$\text{내신 석차(등수)} = \text{등수} + \frac{(\text{같은 등수의 학생 수} - 1)}{2}$$

가령 100명이 영어 과목 시험을 보았는데 100점을 받았다면 나의 등수는 1등입니다. 하지만 100점 만점자가 7명일 경우에 나의 내신 등급은 어떻게 될까요?

우선 7명 모두 100점을 받았으므로 등수는 모두 1등입니다. 같은 등수의 학생 수가 7이므로 위 식에 대입하면 나의 내신 석차는 '1+{(7 - 1) / 2}=4', 즉 4등이 되어 7명 모두 1등급의 기준인 4 % 안에 들어 1등급을 받을 수 있습니다. 하지만 1등 동점자가 8명이면 내신 석차가 '1+{(8 - 1) / 2}'인 4.5등이 되어 4 %를 넘기 때문에 8명 모두 2등급을 받게 되는 것이지요.

이렇게 계산하는 이유는 문제를 쉽게 출제할 경우 모든 학생이 고득점을 받고, 시험의 변별력이 없어지기 때문에 각 학교별로 문제의 변별력 유도를 하기 위해서입니다. 물론 절대평가 방식이라면 모두 90점이 넘었으므로 8명 모두 A등급을 받을 수 있습니다.

현재 고교 입시에서는 절대평가 방식으로 내신 평가를 하고 있으

며, 대입에서는 상대평가 방식으로 내신 평가를 하고 있습니다. 이렇게 내신 계산 방법을 소개하는 이유는 바로 미리 포기하지 않고, 본인의 내신을 체크하면서 자신의 강점과 약점을 파악하여 보다 효과적인 학습 방법을 익히기 위해서입니다.

📖 학급·학년별 상대평가 등급 컷

등급	등급 구분	30명 (학급당 학생 수)	500명 (학년당 학생 수)
1	1~4 %	1등	1~20등
2	~11 %	2~3등	21~55등
3	~23 %	4~6등	56~115등
4	~40 %	7~12등	116~200등
5	~60 %	13~18등	201~300등
6	~77 %	19~23등	301~385등
7	~89 %	24~26등	386~445등
8	~96 %	27~28등	446~480등
9	~100 %	29~30등	481~500등

내신이 점점 중요해지는 이유

최근 입시 경향은 고입과 대입 모두 내신 외에도 학교생활기록부 내에서의 창의적 체험활동(이하 창체), 독서 항목, 세부능력 특기사항 등의 비중을 늘리고 있습니다. 시험 성적 하나만으로 평가하는 획일적인 방식에서 보다 다양한 평가 지표를 활용하고 있는 것이지요.

이처럼 평가 항목들이 다양해지면서 대입에서도 내신을 절대평가 형식으로 전환하고자 하는 움직임들이 계속되고 있습니다. 이번 입시제도에서는 수능에서 영어와 한국사가 절대평가로 전환되었습니다. 절대평가가 내신 평가의 기본 축이 되면 내신의 변별력은 과거에 비해 크게 줄어들 것입니다.

하지만 이를 달리 생각하면 상급 학교에서 원하는 최소 수준의 내신을 맞추지 못한다면 아예 지원 자체가 힘들어질 수 있으므로 오히려 그 어느 때보다 내신 관리가 중요해졌다고도 말할 수 있습니다. 한 발 더 들어가 보면 예전 같으면 명문고나 명문대에 진학 자체가 힘들었던 학생들도 내신 관리만 잘하면 다양한 방법으로 지원의 기회를 얻을 수 있기 때문에 누구나 내신 관리의 대상이 된다고 볼 수 있습니다.

결국 **절대평가가 되었든 상대평가가 되었든 입시를 준비할 때 내신 관리는 가장 중요합니다.** 앞으로 자세하게 설명하겠지만 내신 자체도 지필평가뿐만 아니라 수행평가 등 다양한 측정 방법으로 측정됩니다. 내신을 보고 학교생활에 충실한 학생이었는지 아니었는지 최초 단계에서 평가할 수 있으므로 주기적으로 자신의 내신을 점검하는 태도가 중요합니다.

성적 통지표를 보면 내신이 보인다!

내신 성적은 자녀의 학교생활이나 모든 면에 영향을 줍니다. 특히 중학교부터는 본격적으로 자녀의 성적이 노출되는 시기이므로, 내신 성적의 결과와 관계없이 자녀의 객관적인 상황을 잘 살펴보는 것이 중요합니다.

이때 기준이 되는 것이 바로 성적 통지표입니다. 내신에도 기초 체력이 있는데, 일단 결과가 좋던 좋지 않던 성적 통지표를 살펴본 후 과목별로 기초적인 상황을 제대로 파악하고 있어야 합니다. 기초적인 상황이란 바로 학교 수업과 학교생활에 충실했는지 살펴보는 것입니다.

내신 성적은 일반적으로 과목별로 두 지필평가 점수(중간고사, 기말고사)와 수행평가 점수(일반적으로 3~5개 항목)로 산출하기 때문에 자녀가 지필평가에 강한 학생인지, 수행평가에 강한 학생인지 살펴보는 것도 중요합니다.

성적 통지표를 보면 지필평가와 수행평가 항목은 물론이고 반영 비율도 볼 수 있습니다. 비율을 반영해서 나온 나의 점수는 원점수가 되고, 성취도는 A부터 E까지 표시됩니다. 아울러 우리 학교 학생들의 과목별 평균도 볼 수 있어서 상대적인 위치를 대략 알 수 있습니다.

마지막으로 표준편차라는 수치가 나오는데, 이것은 얼마나 학생들의 점수가 분포되어 있는지를 나타내는 숫자로, **표준편차가 클수록 시험의 변별력이 크다는 것을 의미합니다.** 학교마다 다른 경우도 있지만, 일반적으로 수학 과목에서 표준편차가 크게 나타납니다.

성적 통지표는 내신이 마감되는 학기 말에 나오며 성적 통지표가 발부되는 날에는 부모님이 자녀와 함께 각 과목별로 무엇이 부족했는지, 수행평가 항목에는 무엇이 있었는지, 그리고 원점수와 과목 평균, 표준편차를 보면서 우리 학교 내에서 자녀의 위치는 어느 정도인지 가늠해 봐야 합니다. 그래야 문제를 발견하고 대책을 세울 수 있기 때문입니다.

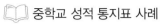 중학교 성적 통지표 사례

과목	지필/수행	평가 항목 (반영비율)	만점	받은 점수	점수 환산
영어	지필	1차 지필평가 (40.00 %)	100.00	94.00	37.60
	지필	2차 지필평가 (40.00 %)	100.00	100.00	40.00
	수행	과제 및 태도 (5.00 %)	100.00	100.00	5.00
	수행	듣기평가 (5.00 %)	100.00	95.00	4.75
	수행	쓰기평가 (10.00 %)	100.00	100.00	10.00

합계	성취도(수강자 수)	원점수/과목평균(표준편차)
97.35	A(237)	97 / 73.2(23.2)

변별력을 결정하는
서·논술형 평가 준비하기

"서·논술형 문제 고득점 획득방법"

성적 통지표에는 과목별 점수와 평균점수, 그리고 표준편차가 드러나기 때문에 몇 번의 계산만으로도 자신의 현재 위치가 확실히 드러나게 되지요.

이처럼 중고등학교에 들어가면 내신 성적이 자신의 학교생활이나 모든 면에 영향을 줄 수밖에 없습니다. 이때 지필평가의 특징을 안다면 보다 효과적으로 내신을 관리할 수 있습니다. 특히 서·논술형 평가는 변별력을 결정하는 중요한 요소가 됩니다.

내신 변별력을 결정하는 서·논술형 문제

  최근 지필평가의 변별력을 결정하는 가장 중요한 요소는 서·논술형 평가입니다. 특히 학생 수가 적거나 최상위권 학생이 많이 모여 있는 학교에서는 단순히 객관식 문제의 난이도만 조정한다고 해결할 수 있는 문제가 아니기 때문에 지필평가의 서·논술형 평가로 변별력을 조정하고 있습니다. 서·논술형 문제는 부분 점수를 줄 수 있고, 문제 하나당 배점이 크기 때문이지요.

  그뿐만 아니라 학생들의 학습 역량을 평가할 수 있는 좋은 평가 도구이기 때문입니다. 중고등학교 첫 시험 후에 많은 학생들이 서·논술형 평가 때문에 점수가 생각한 만큼 나오지 않았다는 말을 많이 합니다. 이 말은 교과 과정에서 배운 내용을 머릿속으로는 대충 알고 있지만, 막상 표현하려니 막막했다는 것을 뜻합니다.

📖 중학교 국어과 중간고사 문제 구성 사례

항목	문항 수	배점
전체	30문항	100점
선택형(객관식)	23문항	65점
서·논술형(단답형)	5문항	15점
서·논술형(논술형)	2문항	20점

눈이 아니라 손으로 대비할 것!

　서·논술형 문제는 학교별로 조금씩 차이가 있지만, 기본적으로 교과 시간에 진행했던 단원의 기본 개념이나 수행평가 때 진행했던 내용, 또는 학습 부교재인 프린트물에서 출제되는 경향이 많으므로 시험 전에 서·논술형으로 나올 수 있을 법한 문제들을 미리 뽑아 준비해야 합니다.

　이때 반드시 직접 작성해 보는 것이 중요합니다. 많은 학생들이 그냥 눈으로만 읽고 마는 경우가 많은데 눈으로 보는 것과 직접 작성하는 것은 큰 차이가 있습니다. 일단 제한된 시간 내에 문제를 풀어야 하므로, 직접 작성해 봄으로써 생각보다 많은 시간이 걸린다는 것도 알 수 있고 본인의 생각을 정리하며 작성하는 습관을 기를 수 있어 당황하지 않고 문제를 풀 수 있게 됩니다.

　또한, 서·논술형 평가는 채점 기준에 따라 부분 점수가 있기 때문에 대충 중요한 내용만 알고 적는다면 완벽한 점수를 받기 힘듭니다. 문제 하나만 그렇다면 상관이 없겠지만 각 문항별로 1점씩만 감점을 받는다고 해도, 4문제라면 벌써 4점 감점이 되어 최상위권이 다투는 내신 등급에서 밀릴 수 있기 때문입니다.

　따라서 서·논술형 평가에 대해 살펴본 후 미리 준비해야 하고, 각각의 문제에 대한 채점 기준을 정확히 알고 있어야 합니다.

중학교 1학년 과학과 서·논술형(단답형) 문제 사례

단원	물질의 상태변화
문제	비닐 주머니에 얼음과 드라이아이스를 각각 넣고 변화를 관찰하였다. 이 실험에서 시간이 지난 후 비닐 주머니의 크기가 어떻게 변하는지 설명하고 그렇게 되는 이유를 서술하시오. (10점)
정답	1. 현상: 드라이아이스가 들어 있는 비닐봉지가 너 커진다. 2. 이유: 얼음은 융해되어 액체가 되지만 드라이아이스는 승화되어 기체가 되기 때문이다.
채점 기준	1. 현상이 맞으면 3점 2. 이유가 맞으면 7점

 중학교 3학년 과학과 서·논술형(논술형) 문제 사례

단원	생식과 발생
문제	개구리는 많은 알을 낳는다. 파충류인 뱀이나 조류인 새는 한 번에 낳는 알의 수가 20개 이하인 경우가 대부분이다. 파충류나 조류보다 개구리가 이처럼 많은 수의 알을 낳는 이유를 100자 내외로 서술하시오. (8점)
정답	파충류나 조류는 체내 수정을 하여 체외로 수정란을 낳는 것에 비해서 개구리는 체외 수정을 하는 동물이다. 개구리 암컷이 물속에 알을 낳으면 알이 포식 당하기 쉬울 뿐만 아니라 수컷이 정자를 뿌리고 이 정자가 스스로 난자가 있는 곳까지 이동해야 수정이 일어나므로 수정 확률을 높이기 위해서 많은 알이 필요하다.
채점 기준	1. 체외 수정이 제시된 경우 2점 2. 수정 확률이 제시된 경우 2점 3. 파충류와 조류를 비교한 경우 2점 4. 100~200자 내외 쓴 경우 2점

서·논술형 평가 답안 작성 Tip

서·논술형 평가는 채점 기준이 명확하게 정해져 있기 때문에 아무리 많은 글을 적는다고 해도, 채점 기준에 해당하는 내용이 적혀 있지 않다면 점수를 받지 못합니다.

따라서 서·논술형 평가에서 좋은 점수를 받으려면 채점 기준을 알고 있어야 합니다. 채점 기준은 바로 문제 속에 들어 있습니다. **문제의 정답을 적기 전에 아래와 같이 문제를 문장별로 세분화하여 따로따로 생각하고, 각각의 문장에 해당하는 키워드를 뽑아서 각각의 답을 적고, 나중에 이를 하나로 연결하는 것이 중요합니다.** 이때 글자 수가 정해져 있는 경우, 글자 수까지 세어 보아서 기준을 넘지 않도록 해야 합니다.

아까 보았던 '중학교 3학년 과학과 서·논술형(논술형) 문제 사례'를 예로 들면 다음과 같습니다.

서 · 논술형 문제 답안 작성 Tip

1. 문제

개구리는 많은 알을 낳는다. 파충류인 뱀이나 조류인 새는 한 번에 낳는 알의 수가 20개 이하인 경우가 대부분이다. 파충류나 조류보다 개구리가 이처럼 많은 수의 알을 낳는 이유를 100자 내외로 서술하시오. (8점)

2. 문제 분석

① 개구리는 많은 알을 낳는다.

　분석: 개구리의 수정 방법 설명(키워드: 체외 수정)

② 파충류인 뱀이나 조류인 새는 한 번에 낳는 알의 수가 20개 이하인 경우가 대부분이다.

　분석: 파충류와 조류의 수정 방법을 비교 설명(키워드: 체내 수정)

③ 파충류나 조류보다 개구리가 이처럼 많은 수의 알을 낳는 이유

　분석: 개구리가 알을 많이 낳는 이유 설명(키워드: 수정 확률)

④ 100자 내외로 서술하시오.

　분석: 글자 수 확인(규칙: 100자 내외)

3. 답안 작성

파충류나 조류는 체내 수정을 하여 체외로 수정란을 낳는 것에 비해서[2] 개구리는 체외 수정을 하는 동물이다.[1] 개구리 암컷이 물속에 알을 낳으면 알이 포식 당하기 쉬울 뿐만 아니라 수컷이 정자를 뿌리고 이 정자가 스스로 난자가 있는 곳까지 이동해야 수정이 일어나므로 수정 확률을 높이기 위해서 많은 알이 필요하다.[3] (129자)[4]

3장

내신의 완성은 수행평가!
수행평가 관리 방법

"수행평가의 종류와 대비 방법"

우리나라에서는 현재 창의융합형 인재양성을 목표로 교육과정을 진행하고 있습니다. 여기서 '창의융합형'이란 기존의 지식을 바탕으로 새로운 상황에 처했을 때 문제를 해결하는 능력이라는 뜻에 가까운데 그러다 보니 평가 역시 교과 전반에 걸쳐 배운 것을 잘 적용하여 활용하는지 살펴보고 있습니다.

이것이 바로 '수행평가'입니다. **교사는 수행평가를 통해서 학습과제를 수행하는 과정이나 그 결과를 보고 내신 수준을 판단합니다. 문제는 이러한 수행평가가 학교에 따라 또는 과목에 따라 무려 30~50 %까지 내신에 반영된다는 점입니다.**

이번 장에서는 내신의 중요 평가 항목인 수행평가 관리법에 대해 살펴보도록 하겠습니다.

수행평가의 종류

학생 중에는 중간고사나 기말고사에서 좋은 점수를 받았더라도 수행평가를 소홀히 해서 B등급을 받는 학생들이 많습니다. 물론 반대의 경우도 많지요. 실제로 지필평가에서 80점대의 점수를 받고도 수행평가를 완벽하게 준비하여 90점을 넘어 A등급을 받고 특목고나 자사고 진학에 큰 문제없이 합격하는 학생들을 많이 보았습니다. 수행평가는 고등학교에 들어가서도 등급을 구분하는 매우 중요한 평가입니다. 문제는 많은 학생들이 이러한 사실을 모른 채 수행평가 날짜가 닥쳐서야 준비를 하는 경우가 많다는 것입니다.

따라서 내신에서 불이익을 받지 않으려면 반드시 수행평가의 종류와 평가 수준 등을 살펴봐야 합니다. 수행평가는 학생 스스로 자신의 지식이나 기능을 나타낼 수 있도록 어떠한 결과물을 만들거나, 행동으로 나타내거나, 답을 작성하도록 요구하는 평가이기 때문에 지필평가와 달리 다양한 평가 방식이 존재합니다.

수행평가의 종류는 다양하지만, 간단하게 서술형(주관식) 검사, 논술형 검사, 발표형 검사, 토론법, 실기시험, 실험·실습법, 관찰법, 연구 보고서법, 프로젝트법, 포트폴리오(portfolio)법 등으로 나눌 수 있습니다.

📖 수행평가의 종류

No	수행평가	내용
1	서술형(주관식) 검사	단순히 퀴즈 형태로 학습에 대한 이해도를 평가하는 방식
2	논술형 검사	학습 단원과 연관하여 자신의 생각을 기술하는 정도를 평가하는 방식
3	발표형 검사	배운 내용을 토대로 얼마나 이해하고 있는지 직접 1:1 대면 인터뷰를 통해 확인하는 평가 방식
4	토론법	학습 단원과 연관하여 그룹을 지어 자신의 논리를 설득시키는 정도를 평가하는 방식
5	실기시험	예체능 교과에서 많이 사용되는 평가 방식
6	실험·실습법	과학 과목에서 많이 사용되는 평가 방식
7	관찰법	발표 횟수, 학습 교재 준비 상태, 수업 태도 등을 평가하는 방식
8	연구 보고서법	하나의 주제를 정해서 연구 과정을 평가하고 그 결과물을 평가하는 방식
9	프로젝트법	학습 과목과 연계해서 하나의 프로젝트를 설정하고 프로젝트를 준비하고 실행하는 과정을 통해 과제 집착력을 평가하는 방식 (예: 외국인에게 우리나라 소개하기 프로젝트, 환경 보호 캠페인 프로젝트, 지역 사회 홍보 UCC 제작 프로젝트)
10	포트폴리오 (portfolio)법	한 학기 동안 과목을 배우면서 차곡차곡 결과물들을 정리해서 포트폴리오로 제출하는 평가 방식

수행평가 준비 방법

수행평가는 학교별로 과목별로 평가 종류와 평가 수준이 다르므로 재학 중인 학교의 수행평가 항목을 미리 알아 준비하는 것이 좋습니다.

보통 학기 초가 되면 한 학기 동안 보게 될 수행평가를 학생들에게 알려 줍니다. 만약 그렇지 않다면 **학기 초에 이번 학기에 보게 될 수행평가 종류와 일정을 과목 선생님께 여쭤 보는 것도 준비에 큰 도움이 됩니다.**

학기가 시작되자마자 수행평가를 바로 실시하는 경우는 거의 없으므로 학기 초에 선생님을 통해 앞으로 보게 될 수행평가 항목과 평가 수준, 평가 날짜 등을 미리 살펴서 미리미리 준비한다면 좋겠지요?

실제 준비에 도움이 될 수 있도록 수행평가에서 가장 많이 활용되고 있는 발표형 검사와 관찰법을 예로 들어 설명해 보겠습니다.

발표형 검사의 경우에는 발표문 작성부터 시작해서 발표 태도까지 점검합니다.

많은 학생들이 수행평가 당일 전에서야 부랴부랴 준비하는 경향이 많은데, 그렇게 짧은 기간 동안 준비한다면 수행평가에서 고득점을 받을 수 없습니다. 미리 준비하는 것과 연습만이 발표형 검사를 준비하는 유일한 방법입니다.

📖 발표형 검사 평가 방식과 평가 수준

No	항목	내용
1	평가 방법	발표
2	평가 내용	설명하기
3	횟수	학기별 2회(각 1문항)
4	배점	5점 * 2회 = 10점
5	성취 기준	국어의 음운 체계를 설명할 수 있다
6	평가 요소	발표력
7	구분 및 평가 기준	A(5점): 내용이 풍부하고 체계적이며 음량이 적절하고 발음이 정확해서 말하는 내용이 효과적으로 전달되었다. B(4점): 내용은 풍부하나 체계성이나 음량이 다소 부족해서 전달이 충분히 되지 않았다. C(3점): 음량이 풍부하고 발음이 정확하나 내용이 빈약하고 체계가 없다. D(2점): 내용이 빈약하고 체계가 없으며 음량, 발음이 부적절하다. E(1점): 미응시

위 사례의 경우에는 내용의 풍부함, 체계적인 전개, 적절한 음량, 정확한 발음 등을 주로 평가한다는 것을 알 수 있습니다.

학생 스스로는 이러한 것들을 정확하게 진단할 수 없기 때문에 부모님이 자녀의 수행평가 평가 기준을 살펴보고, 미리 연습한다든지 필요한 경우 동영상을 촬영해서 모니터링을 하는 것도 좋은 방법 중 하나입니다.

📖 관찰법의 평가 방식과 평가 수준

No	항목	내용
1	평가 방법	관찰
2	평가 내용	과정 평가
3	횟수	수시 체크
4	배점	1~5점
5	성취 기준	교육과정 내용을 수행하는 과정에서 성실하고 바른 자세로 참여한다.
6	평가 요소	수행 과정
7	구분 및 평가 기준	A(5점): 교과서, 학습지 준비 및 수업 참여(성실성, 학습지 필기 등)가 매우 훌륭해서 지적 사항이 전혀 없다. B(4점): 교과서, 학습지 준비 미흡 또는 수업 참여 미흡으로 1~2번의 지적을 받았다. C(3점): 교과서, 학습지 준비 미흡 또는 수업 참여 미흡으로 3~4번의 지적을 받았다. D(2점): 교과서, 학습지 준비 미흡 또는 수업 참여 미흡으로 5번 이상의 지적을 받았다. E(1점): 미참여

관찰법은 많은 과목에서 채택하고 있는 수행평가 방식으로 쉽게 말해 수업 태도를 평가하는 것입니다.

이 수행평가는 점수를 주기 위한 평가로, 여기에서 점수를 놓치면 정말 안타까운 결과를 얻을 수 있습니다. 따라서 수업 태도 항목으로 무엇을 보는지 학기 초에 확인하는 것이 필요합니다. 아무렇지 않게 가볍게 생각하다가 생각하지도 못한 곳에서 감점을 받을 수 있기 때문입니다.

사례를 보면 교과서 준비, 학습지 준비, 필기 태도, 발표 등과 같은 수업 적극성을 주요 평가 항목으로 삼고 있습니다. 특히 지적 사항 횟수가 정확하게 기재되어 있으므로 될 수 있으면 지적을 받지 않도록 주의하는 습관을 길러야 합니다.

시험이 오고 있다! 시험대비 4주 대작전

"시험대비 효과적인 시간 관리 방법"

'꿈을 날짜와 함께 적으면 그것은 목표가 되고, 목표를 잘게 나누면 그것은 계획이 되며, 그 계획을 실행에 옮기면 꿈은 실현된다.'라는 말이 있습니다. 이 말은 실행 계획의 중요성을 나타내는 말입니다. 분명한 목표를 정해 놓고 그것을 달성하기 위해 노력하는 사람과 그렇지 않은 사람은 시간이 지날수록 더욱 극명한 차이를 나타냅니다.

시험 준비도 마찬가지입니다. 막연하게 열심히 해야 한다는 마음가짐만으로는 뭔가 부족합니다. 보다 구체적인 목표와 실행 계획을 세우는 것이 중요하지요. 어떻게 하면 시험을 효과적으로 준비할 수 있을까요?

과목별로 현실적인 목표 점수 세우기

일반적으로 '목표 → 계획 → 실행 → 평가'는 시험을 준비하는 기본적인 순서라고 볼 수 있습니다.

보통 지필평가는 한 달 정도 몰입하여 준비하는 것이 좋습니다. 실제로 많은 학생들이 적게는 2주에서 많게는 4주 정도의 기간을 시험공부에 투자합니다. 평상시에 선행 학습을 하다가도 시험 한 달 전에는 구체적인 계획을 세워야 과목별로 빠지는 것 없이 준비할 수 있기 때문입니다.

하지만 **계획을 세우기에 앞서 가장 중요한 작업을 해야 합니다. 이것이 바로 과목별로 목표 점수를 세우는 것입니다.**

목표 점수는 시험 과목별로 세우는 것이 좋습니다. 막연하게 전교 몇 등이라든지 평균 90점 이상 등 자신의 수준에 맞지 않는 목표를 세우면 구체적인 계획으로 연결되지도 않고 힘든 시험 준비 기간에 동기 부여도 할 수 없습니다. 무엇보다 큰 문제는 막연하게 목표를 세우고 그 목표를 달성하지 못하게 되면 다음 시험에 대한 대비에도 전혀 도움이 되는 것이 없다는 사실입니다.

이 때문에 시험을 준비할 때 시간이 걸리더라도 반드시 정교하게 과목별 목표 점수를 세워야 합니다. 목표 점수를 세울 때는 우선 가장 최근에 본 시험 점수를 과목별로 확인합니다. 그런 뒤에 과목별로 왜 그러한 점수가 나왔는지 분석해야 합니다.

가령 영어 시험의 경우 객관식에서 몇 점을 받았고, 어떤 문제 때문에 점수에서 불이익을 당했는지 살펴봐야 합니다. 독해 문제에서 단어가 약해서 틀렸는지, 아니면 교과서 본문 암기가 확실하지 못해서 틀렸는지, 아니면 전혀 예상하지 못했던 문제에서 틀렸는지, 문법에서 틀렸는지 등 자신이 어떤 부분에 약점이 있는지 살펴봐야 하는 것이지요.

또한, 서·논술형 문제에서 부분 점수를 어떤 점에서 놓쳤는지 살펴봐야 합니다. 문법 문제가 약하다고 평가했다면 다음 시험에서 문법 문제에서 1~2문제는 틀린다고 가정하고 목표 점수를 세워야 합니다. 최근 시험에서 영어 본문을 암기했더라면 맞출 수 있었던 문제라면 이번 시험에 본문 암기에 시간을 투자해 지난번 잃었던 점수만큼 점수를 획득한다고 가정하고 목표 점수를 세우는 것이지요.

다음 표는 목표 점수를 세우는 방법과 그 사례입니다.

목표 점수 세우기

1. 과목별로 지난 시험 점수를 적는다.
2. 지난 시험 점수의 원인을 분석하고 이번 시험 목표의 근거를 적는다.
3. 과목별로 이번 시험 목표 점수를 적는다.

📖 목표 점수 세우기 사례

과목	지난 시험 점수	원인 분석	이번 시험 목표 점수
국어	88	지난번에는 '시' 단원이 약했지만, 이번 시험은 비교적 강한 '설명문' 단원에서 출제 문제가 많을 것으로 예상됨	95
영어	75	문법 문제는 아직 극복하지 못했음. 하지만 지난번에 본문 암기 시간이 부족해서 잃었던 점수를 이번에는 본문 암기를 확실히 해서 극복할 예정	92
수학	91	지난번 시험에서는 서술형 문제에서 실수가 많았는데 이번에는 서·논술형 대비 문제를 지난번보다 3배 정도 더 풀 예정	93
과학	100	과학은 지난번 시험과 같이 고난이도 문제에 대비하여 프린트 문제와 교과서 실험을 연계해 높은 점수를 받을 예정	100

목표 점수를 이루기 위한 학습 계획 세우기

공부를 잘하는 학생이나, 그렇지 못한 학생이나 시간은 누구에게나 공평합니다. 따라서 시험을 준비한다는 것은 똑같은 시간을 어떻게 효과적으로 나누어 활용하느냐를 뜻합니다. 열심히 공부하지만, 생각보다 좋은 결과를 얻지 못하는 원인 대부분이 바로 시간을 효과적으로 사용하지 못하기 때문입니다. 제한된 시간 안에서 약한 부분을 강하게 만드는 것이 바로 시험 준비 계획입니다.

당연히 시험 준비 계획은 시간표로 작성해야 합니다. 이때 절대로 빠지는 과목과 단원이 있어서는 안 됩니다. 내신은 모든 과목의 합이기 때문입니다. 특히 시험 전날에 어떻게 해 보려고 벼락치기를 하다가는 상위권 내신 경쟁에서 좋은 결과를 얻을 수 없습니다.

시험일을 기준으로 4주 전에 자신만의 학습 달력을 만드는 방법을 활용하면 좋습니다. 시간 단위로 나누어 한 과목도 빠짐없이 작성하되, 과목별로 시험 준비 항목을 자신이 알아볼 수 있도록 적어야 합니다. 예를 들면, 프린트물을 볼 것인지, 문제집을 볼 것인지, 교과서를 볼 것인지 계획표에 나타내야 합니다.

다음 표는 계획 세우는 방법과 그 사례입니다.

학습 계획 세우기

1. 1주일 단위로 4주간의 학습 달력을 만든다.
2. 과목별로 시험 준비 항목을 열거한다. (예를 들면, 본문을 공부할 것인지, 문제를 풀어볼 것인지, 프린트를 볼 것인지 등)
3. 한 과목도 누락 없이 가용할 수 있는 공부 시간에 배치한다.
4. 시험 기간에는 전날 다음날 시험을 복습할 시간을 남겨 놓는다.

📖 학습 계획 세우기 사례(1주일 분량)

요일				
월	20:00~21:00 역사, 과학 노트	22:00~23:30 역사, 과학 문제 풀기	23:30~24:00 사회 노트	
화	21:00~22:30 과학 노트, 문제 풀기	22:30~24:00 영어 본문 암기		
수	20:00~21:00 영어 문제 풀기	21:00~22:00 영어 노트	22:00~23:30 과학 노트, 문제 풀기	
목	17:00~18:00 영어 본문 암기	18:00~21:00 수학 숙제	21:00~22:00 영어 문제 풀기	22:00~23:00 역사 노트, 문제 풀기
금	20:00~21:30 사회 노트, 문제 풀기	21:30~23:00 국어 숙제	23:00~23:30 영어(문법)	
토	14:00~15:30 영어 노트, 문제 풀기	15:30~17:00 역사 노트, 문제 풀기	22:00~23:00 국어 복습	23:00~24:00 수학 문제 풀기
일	8:00~9:30 수학 문제 풀기	10:00~12:00 과학 노트, 문제 풀기	13:00~15:00 역사 노트, 문제 풀기	15:00~17:00 영어 (외부지문)

시험 기간이 지나면 바로 가채점 후 평가할 것

내신은 매 학기 모든 과목에 대한 점수 관리의 결과입니다. 따라서 **한 번의 시험 결과에 따라 일희일비할 필요가 없습니다. 한 번의 시험을 통해 자신의 약점을 파악하고 다음 시험을 준비하는 것이 더욱 현명한 자세입니다.**

실제로 상담을 진행하다 보면 많은 학생이 한 번의 시험 결과에 절망하고 공부할 의욕을 잃어버리는 경우가 많습니다. 참으로 안타까운 일입니다. 이러한 의욕 상실은 실행과 평가 과정이 부족했기 때문입니다.

항상 결과에는 그에 맞는 이유가 존재합니다. 목표 점수를 설정하고 구체적인 계획을 세워도 항상 좋은 결과가 나오기는 어렵습니다. 이 때문에 왜 그런 결과가 나왔고, 분석을 통해 다음에 어떻게 준비할 것인지가 더 중요합니다. 다음 시험에서 점수가 올랐다면 자신의 분석이 옳았던 것이고, 점차 점수는 좋아집니다. 결국 졸업할 때쯤엔 생각보다 꽤 좋은 내신을 가지고 입시에서 상당히 유리한 위치에 자리할 수 있습니다.

다음 표는 시험 직후를 평가하는 방법과 그 사례입니다.

시험 직후 평가하기

1. 시험 결과를 목표 점수와 비교해 본다.
2. 과목별로 어떤 부분에 부족한 점이 있었는지 살펴본다.
3. 잘못된 공부 습관을 나열한다.
4. 공부 습관을 바꿀 수 있는 대책을 살펴본다.
5. 위에서 분석한 내용을 과목별 공부 방법으로 연결한다.

시험 직후 평가 사례

잘못된 공부 습관	앞으로의 대책
1주일 정도의 짧은 벼락치기 시험공부	준비 기간을 4주로 하여 넉넉하게 공부해야 한다.
공부 편식이 문제	수학 이외의 과목에도 구체적인 목표 점수를 보다 정교하게 잡아야 한다.
문제 풀이 위주의 공부	과목별 노트 및 학습지, 교과서 등을 10회 이상 정독한 후 문제 풀이를 한다.
자만심으로 수학 공부 소홀	수학은 고등학교 선행 위주의 공부와 자만심으로 현재 배우는 내용을 따로 공부하지 않았다. 따라서 현재 배우는 내용에 대한 시간을 확보한다.

앞으로의 과목별 공부 방법

국어: 학습지에서 교과서 위주의 공부로 전환한다. 수업 시간에 필기한 내용을 바탕으로 나만의 국어 노트를 만든다.

사회: 사회는 학습지 위주의 공부가 필요하므로 수업 시간에 선생님께서 말씀해 주신 내용을 꼼꼼하게 필기한다. 국사는 프린트 문제를 풀어 보고 교과서 위주로 공부한다.

과학: 기본 내용의 정확한 이해를 바탕으로 암기 후 응용문제를 푼다.

영어: 본문의 빈칸 채우기 문제가 자주 출제되기 때문에 교과서 본문을 꼼꼼하게 암기한다. 외워진 본문 위에 문법을 채색한다는 느낌으로 공부한다.

내신을 올리는 효과적인 공부 방법

"나에게 어울리는 다양한 공부 방법 살펴보기"

학생부를 중심으로 한 새로운 입시 환경에서 내신은 가장 중요한 평가 요소입니다. 하지만 중고등학교에 올라와서 많아진 과목, 빠른 진도, 다양한 수행평가 때문에 공부를 효율적으로 하지 않으면 그만큼 내신 성적이 나빠질 수밖에 없습니다.

그렇기 때문에 자녀에게 맞는 공부 방법을 찾는 것은 정말로 중요합니다. 하지만 중요한 것은 단순한 공부 방법이 아니라 공부를 통해 얻어야 하는 핵심을 파악하는 것입니다.

이 핵심을 저는 '공부 목표'라고 부릅니다. 실제로 공부에 쉽게 적용할 수 있는 공부 방법에 대해 살펴보겠습니다.

공부 목표와 공부 방법의 차이

우선 '공부 목표'와 '공부 방법'을 구분해서 생각해야 합니다. '공부 방법'은 구체적인 세부 사항, 다시 말해 세부적인 공부 기술들을 의미합니다.

공부 목표와 공부 방법을 구분하기 위해 간단한 예를 들어 볼까요? 어떤 학생이 책을 읽을 때 색이 다른 볼펜을 사용하여 줄을 그으며 읽는 습관이 성적 향상에 도움을 주었다고 가정해 봅시다.

이때 '색이 다른 볼펜을 사용하여 책에 줄을 그으며 읽는다'는 공부 방법입니다. 그렇다면 이 공부 방법 안에 숨어 있는 '공부 목표'는 무엇일까요? '책을 읽을 때 단락의 주제를 파악하는 것'이 공부 목표의 예라고 할 수 있습니다.

이 때문에 **공부 목표를 이루기 위해 수십 가지의 공부 방법이 존재할 수 있습니다.** 메모지를 쓰는 편이 더 좋은 방법이라고 생각하는 사람도 있을 것이고, 특정한 방식으로 노트 필기를 하는 방법을 추천하는 사람도 있을 수 있고, 책에 번호를 붙이는 방법을 사용할수도 있습니다. 이렇게 하나의 공부 목표 안에서 공부 방법은 각양각색의 모습으로 존재할 수 있습니다. 수많은 공부법 관련 책들을 읽거나 '상위 1 %의 공부 방법'을 모방해도 효과가 없는 이유는 공부 목표를 생각하지 않고 공부 방법만 모방하는 경우가 많기 때문입니다.

📖 공부 목표와 공부 방법

공부 목표	공부 방법
국어 공부를 할 때는 단락의 주제를 파악하는 것이 핵심이다.	방법 1) 색 볼펜으로 줄 긋기 방법 2) 직접 말하면서 이해하기 방법 3) 주제 노트 필기하기 방법 4) 포스트잇 붙이기

방법 1) 색 볼펜으로 줄 긋기

방법 2) 말하면서 이해하기

공부 목표
(단락의 주제 파악하기)

방법 3) 주제 노트 필기하기

방법 4) 포스트잇 붙이기

공부 방법을 고민하기 전에 공부 목표를 추출할 것!

공부 목표를 깨닫지 못한다면, 학생 자신에게 맞는 공부 방법을 찾을 수 없고, 올바른 공부 습관을 들일 수도 없습니다.

공부 습관이 몸에 배어 있지 않으면 성적은 오르지 않고, 오르지 않는 성적은 공부에 대한 의지와 자신감을 꺾습니다. 학습 효과가 점점 떨어지는 악순환이 발생하는 것이지요.

공부 목표를 깨닫는 것은 단순히 눈앞의 시험 성적을 올리는 것 이상의 의미가 있습니다. 학습 환경이 달라져도 공부 목표를 깨닫고 나만의 공부 방법을 찾아 선택하고, 발전시킨 경험이 있는 사람은 그 변화에 유연하게 적응할 수 있기 때문입니다.

다음 표는 과목별로 공부 목표를 추출하는 사례입니다.

과목별 공부 목표 추출 사례

과목	이번 시험 범위 안에서 과목별 공부 목표
국어	• 서론, 본론, 결론을 정확히 구분하기 • 주제 문장을 찾기 • 소설 속 문장을 통해 등장인물의 성격 알아보기
영어	• 다섯 단어 이상으로 한 문장 만들기 • 문장 속에서 다의어의 정확한 뜻을 찾아내기 • 경우에 따른 가정법 문장 활용하기
수학	• 도수분포표로 주어진 자료의 평균을 구하기 • 입체도형의 겉넓이와 부피 구하기 • 삼각형의 닮음조건을 이용해 두 삼각형이 닮음인지 판별하기
사회	• 지역에 따른 지리적 특성을 구분하기 • 공정무역과 윤리적 소비의 관계를 이해하기 • 에너지 자원의 종류와 특징을 이해하기
과학	• 여러 가지 힘의 종류와 특징을 파악하기 • 광합성의 결과 생긴 양분의 전환, 이동, 저장 과정 이해하기 • 열의 3가지 이동 방법과 특징을 파악하기

바로 응용하여 사용할 수 있는 3가지 공부 방법

시험 범위 안에서 그때마다 단원별 공부 목표를 추출하고, 다양한 공부 방법을 적용한 후, 가장 효과적인 공부 방법을 찾는 것은 매우 중요합니다. 아래 다양한 과목에 공통으로 적용할 수 있는 3가지 공부 방법이 있습니다. 공부 목표를 달성하기 위해 아래의 방법을 사용해 보고, 자녀에게 가장 맞는 방법을 찾아보세요.

① 목차 학습법

이 방법은 예습할 때 효과적인 방법입니다. **수업 전에 배울 내용의 목차를 먼저 살펴본 후 예습을 하는 방법인데 목차는 책의 전반적인 내용을 정리하고 있어서 앞으로 공부할 부분을 간략하고 효과적으로 이해시켜 줍니다.** 또한, 목차의 순서를 따라가며 공부할 내용에 대해 예상해 보는 것만으로 훌륭한 예습이 됩니다.

이 방법은 자연스럽게 복습을 할 때도 전체적인 공부의 흐름을 잊지 않도록 도와주는 역할을 합니다. 공부를 잘하는 학생의 경우, 실제로 교과서의 목차를 자연스럽게 외우고 있는 경우가 많습니다. 단순히 한 단원 한 단원 내용을 파악하는 것에 그치지 않고, 단원 간 연계 학습 능력이 뛰어나기 때문입니다. 목차 학습법을 이용하면 단원 간 연계 학습과 응용문제, 서·논술형 문제에서도 큰 효과를 볼 수 있습니다.

② 백지 복습법

백지 복습법은 모든 과목에서 유용하게 쓰일 수 있는 공부 방법입니다. **백지 복습법은 수업이 끝난 후 쉬는 시간에 그날 배운 내용을 백지에 기록하며 복습하는 학습법입니다.**

인간의 기억은 시간이 지나면 사라지게 됩니다. 하지만 배운 내용을 잊어버리기 전에 다시 생각하면 장기 기억으로 저장되는데, 이를 이용한 학습법입니다.

쉬는 시간에 정리하기가 쉽지 않다면 방과 후 집에서 약간의 시간을 내서 백지에 그날 배운 내용을 기록해 보는 것도 좋습니다. 기록 후 교과서와 비교하여 틀린 내용은 수정하고 부족한 내용은 보충합니다. 완성된 종이는 버리지 말고 과목별로 모아서 틈틈이 무엇을 공부했는지 확인하면 기억이 오랫동안 지속됩니다.

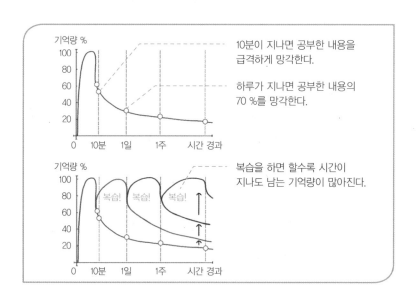

③ 설명법

자신이 정확히 알고 있는지 확인하는 방법은 다른 사람에게 그 개념을 설명해 보면 정확히 알 수 있습니다.

친구도 좋고, 동생도 좋고, 부모님도 좋습니다. **다른 사람을 설득시킬 만큼 충분히 논리적인 설명을 하는 과정에서 많은 것을 배울 수 있기 때문입니다.** 이 방법 역시 모든 과목에 적용할 수 있는 공부법입니다. 당장 곁에 사람이 없다면 혼자 공부할 때라도 적어도 두 번 이상 같은 개념을 소리 내어 설명하면 좋습니다. 이때 휴대전화의 녹음 기능을 사용하면 누군가 옆에 있다고 생각할 수 있고, 자신이 말한 내용을 확인할 수 있어 좋습니다.

이렇게 차근차근 말하다 보면 어느새 자신이 모르거나 헷갈리고 있는 부분이 어디인지, 더 공부해야 할 부분이 어디인지 찾을 수 있습니다.

중학교에 다니는 2학년 수학 지필평가인 중간고사에서 88점을 받아 A등급을 받지 못했습니다. 중학교 1학년 때는 수학 시험이 조금 어렵기는 했지만 나름 선방하여 90점 초반대의 점수로 간신히 A등급을 받은 상태였지만 불안한 점수가 결국에는 중학교 2학년 1학기 중간고사 때 무너지고 만 것입니다.

　A양은 자사고를 목표로 하고 있었기 때문에 기말고사와 수행평가에서 점수를 만회하여 90점 이상을 받아야 하는 상황이었습니다.

　그래서 곧바로 지필 시험 문항 분석에 들어갔습니다. 분석 결과 A양이 서·논술형 문제에서 문항에서 요구하는 내용을 완벽하게 기재하지 못해 부분적으로 5점 정도의 점수를 놓친 것을 확인했습니다.

　그래서 충분히 맞출 수 있는 서·논술형 문제에서 부분 점수를 뺏기지 않도록 완벽하게 기재할 수 있게 훈련을 하였습니다. 왜냐하면 A양은 수학 실력이 좋은 편이었지만 1~2문제 정도는 항상 틀렸었기 때문에 비교적 쉬운 서·논술형 평가에서만큼은 완벽한 점수를 받아야 했기 때문입니다.

　하지만 A양은 수학 공부를 할 때 교과서를 거의 보지 않는 편이었고, 복습보다는 학원 수업을 기본으로 예습 위주의 학습을 해왔습니다. 물론 시험 기간에는 복습 위주의 공부를 진행했지만, 시간에 쫓기다 보니 결국엔 서·논술형 문제를 눈으로만 풀고 마는 상황이었습니다.

또, A양은 교과서를 제대로 읽어 본 적이 없었는데, 교과서에는 서·논술형 문제의 정답에 해당하는 기초 개념을 말로 표현한 문장들이 많이 있습니다. 그래서 우선 교과서를 정독하게 하였습니다.

그다음 눈으로만 서·논술형 평가를 하는 것이 아니라 풀이과정을 직접 써 보고 말할 수 있도록 연습하였고, 동시에 선행학습 시간을 기존보다 조금 줄여 현재 배우고 있는 수학 개념과 전개 과정을 제대로 이해하고 표현할 수 있도록 하였습니다. 마지막으로 시험 최종 준비를 할 때는 한 문제를 풀더라도 제대로 푸는 연습을 하였습니다.

그 결과 A양은 기말고사에서 94점을 달성하였고, 수행평가로 나머지 점수를 만회하여 90점 이상 받아 A등급을 유지할 수 있었습니다.

서울의 한 중학교에 다니는 3학년 B군은 어려서부터 외국에서 생활했기 때문에 중학교에서 국어 과목의 내신 등급에 자신이 없었습니다. B군은 지필평가에 대비한 사전 테스트를 통해 지필평가만으로는 90점 획득이 힘든 상황을 알고 있었고, 이런 경우 A등급 확보를 확신할 수 없었기 때문에 수행평가 항목에서 점수를 최대한 끌어올리자고 생각했습니다.

B군은 처음에 수행평가를 사전에 준비해야 한다는 개념이 없었습니다. 하지만 컨설팅을 통해 내신에서 수행평가가 40 %나 들어간다는 것을 알게 되었고, 수행평가의 중요성을 깨달아 계획표를 세워 대비하게 되었습니다.

수업 태도나 과제물 제출에 대해서는 충분히 사전 준비를 할 수 있었고 수업 태도에서도 B군이 항상 좋은 모습을 보여왔기 때문에 이 부분은 안심할 수 있습니다. 하지만 서술형 평가 방식의 수행평가가 문제가 될 것으로 예상했습니다.

그래서 학기 초가 되면 선생님에게 바로 수행평가 항목을 물어보게 하였고, 평가 기준을 확인한 뒤 그것을 정리하게 하였습니다.

서술형 평가로는 시를 산문으로 바꾸기, 희곡을 소설로 바꾸기 등의 항목이 있었고, 시조를 창작하는 항목도 있었습니다. 그다음에는 평가 기준을 자세히 살펴보았습니다. '글의 주제를 효과적으로 표현했는가?', '짜임새가 있는가?', '내용이 독창적인가?' 이렇게 3가지 평가 기준이 있었고, 계획에 따라 수행평가 날짜 2주 전부터 차근차근 준비하였습니다.

그 결과 B군은 세 가지 평가 기준에 맞는 다양한 문장들을 만들 수 있었고, 중간중간 선생님들의 조언을 받으면서 만족스런 최종 결과물을 완성할 수 있었습니다. 당연히 평가 점수 또한 좋았습니다.

그다음 자신감을 얻은 B군은 중간고사와 기말고사 준비도 착실하게 하였고, 지필평가와 수행평가를 합쳐 평균 90점 이상으로 여유롭게 A등급을 받을 수 있었습니다.

광주광역시의 한 중학교에 다니는 3학년 C양은 과학고를 준비하면서 최상위권을 유지하는 것이 매우 중요했습니다. 그래서 이 학생에게는 상위권 변별력을 결정하는 사소한 실수를 줄이고, 고난도 문제를 풀기 위해 자신의 잘못된 공부 습관을 점검하게 한 뒤, 앞으로의 대책으로 연결할 수 있도록 하였습니다.

그 결과 학교 지필 시험의 가채점을 통해 자신의 잘못된 공부 습관을 깨닫고, 앞으로의 과목별 공부 방법으로 연결해 상위권의 내신을 유지할 수 있게 되었습니다.

C양은 결국, 광주과학고에 합격할 수 있었는데, 특히 이 학생은 공부 편식에 대한 자신의 문제점을 중간 평가를 통해 확실히 알게 되었다는 점이 의미 있었습니다.

문제 풀이 위주의 공부법에서 개념에 대한 확실한 이해와 이를 응용한 다양한 문제를 풀어 보는 공부법으로 바꾸면서 높은 점수를 유지할 수 있게 되었고, 과목별로 빠짐없이 고득점 전략을 세울 수 있었습니다. 당연히 시험에서도 좋은 결과를 얻을 수 있었습니다.

서울의 한 중학교에 다니는 3학년 D군은 영어와 수학 학원에 다니는 시간이 다른 과목에 비해 압도적으로 많았고, 학원 숙제량도 많아서 영어와 수학 과목은 시험 점수가 어느 정도 보장되었으나 다른 과목에서는 벼락치기 위주로 공부하여 항상 80점대 점수를 얻을 수밖에 없었습니다.

D군은 하루 공부 양과 평상시 학원 과제가 과도하게 많은 편이어서 다른 과목을 공부하기에는 시간이 너무 부족했지만, 학원을 통해 어느 정도 영어와 수학 점수에 대한 자신감이 있던 터라 한 달 전부터 단원별로 구분하여 영어와 수학 이외의 과목을 준비하게 하였습니다.

우선 목표 점수를 정하고 하루 공부 일정을 정리하여 국어, 사회, 과학 등의 과목을 단원별로 한 달 계획표 안에 세세하게 작성하여 이를 실행하게 하였습니다. 물론 시험 전날에는 기존과 같이 지금까지 학습한 내용을 복습하게 하였습니다.

그 결과 D군은 주요 5개 과목 중 4개 과목에서 90점 이상을 받아 A등급을 받을 수 있었고, 이러한 경험을 통해 D군은 시험 한 달 전에 계획표를 작성하여 공부하는 자신만의 내신 관리 방법을 찾을 수 있었습니다.

네 번째 강의

So

그래서
과목별로 어떻게 대비하라고?

가장 기본이 되는 국어 공부법

국어라는 과목은 많은 학생이 쉽게 생각할 수도 있지만 사실 1등과 2등을 나누는 가장 중요한 과목이기도 합니다. 국어 이외의 과목에서도 문제 자체가 국어로 되어 있기 때문에 문제의 핵심을 정확히 파악하지 못한다면, 고난도 문제를 이해하지 못하거나 사소한 문제에서 실수할 수 있기 때문이지요.

그뿐만 아니라 **서·논술형 평가, 독서록 작성 등 다른 과목 수행평가에서도 국어는 큰 영향을 미칩니다.**

이처럼 국어는 중학교에서 3년, 고등학교에서 3년 동안 배우게 될 모든 과목의 내신에 영향을 미치는 기본이 되는 중요한 과목이기 때문에 초등고학년과 중학교 때부터 효과적으로 공부하는 방법을 익히는 것이 중요합니다.

단어 노트를 활용해 국어 실력의 기본 어휘력을 키워라

영어 단어를 매일 몇 개씩 정리하고 외우는 학생들은 있어도 국어 단어나 지문을 체계적으로 계획해서 공부하는 학생은 많지 않습니다. 우리나라의 글이니까 어느 정도 단어의 뜻을 알고 있다고 생각하는 것이지요.

하지만 시험 대상으로 마주하는 국어 단어는 생각보다 쉽지 않습니다. 그래서 많은 학생들이 국어 점수는 공부를 한다고 하는데도 한순간 빠르게 오르지 않는다고 말합니다.

실제로 초등학교에서 중학교, 중학교에서 고등학교로 올라가면서 학생들이 체감하는 단어들의 수준은 매우 높아집니다.

초등학교 때부터 많은 책을 읽었거나 한자 공부를 많이 했던 친구들이 중학교에 올라와서 좋은 국어 성적을 거두는 이유가 바로 어휘력에서 강점을 가지고 있기 때문입니다.

따라서 국어에 자신감을 가지기 위해서는 어휘력을 키우는 것이 우선되어야 합니다. 그리고 당연히 어휘력을 키우기 위해서는 다양한 독서와 한자 공부에 많은 시간을 할애해야 하지요.

이럴 때 효과적으로 사용할 수 있는 방법이 바로 국어 단어 노트를 만드는 것입니다.

국어 단어의 대부분은 한자로 이루어져 있으므로 우선 교과서 수업 중에 어려운 단어가 나왔다면 그 단어에 형광펜을 치고, 수업이 끝난 후 복습 시간에 형광펜으로 친 단어를 인터넷이나 사전을 통해 찾아보고, 어떤 상황에 쓰이는지 예문을 적어 놓는 것입니다.

예를 들면, 아래와 같이 정리할 수 있습니다. 이렇게 정리한 단어 노트를 중학교 때 정리해 놓고, 주기적으로 훑어본다면 고등학교에 진학해서도 고전을 포함한 문학과 비문학 지문에서 마음껏 실력을 발휘할 수 있을 것입니다. 이상의 공부 방법을 차례대로 정리하면 다음과 같습니다.

국어 단어 노트 만들기

1. 수업 시간에 배운 내용 중 해석이 안 되는 단어를 형광펜으로 체크
2. 수업 후 복습 시간에 인터넷을 활용해 단어의 한자와 뜻을 체크
3. 단어 노트에 한자, 뜻, 예문을 기록
4. 평상시에 노트를 가지고 다니며 주기적으로 훑어보기

단어 노트 정리 사례

	한자	呵(꾸짖을 가) 責(나무랄 책)
가책	뜻	자기나 남의 잘못에 대해 꾸짖어(呵) 나무란다(責)는 뜻
	예문	나는 일이 잘못되자 몹시 가책되었다.

글의 갈래에 따른 핵심 내용을 찾아라

국어는 다양한 글의 갈래를 가지고 있습니다. 시, 수필, 소설, 설명문, 논설문 등이 그것이지요. 글의 갈래마다 구성 방식이 있고, 대부분 파악해야 할 내용이 정해져 있기 때문에 **글의 구성 방식과 파악해야 할 내용을 미리 생각하고 본문을 읽는다면 보다 효과적으로 국어 학습을 진행할 수 있습니다.** 공부하면서 어떤 문제가 나올 것이라는 것도 어느 정도 예상할 수 있습니다.

예를 들어, 안도현 시인의 〈우리가 눈발이라면〉이라는 시에서는 '진눈깨비'라는 단어와 '함박눈'이라는 단어가 나오는데, '진눈깨비'는 고통을 주는 존재, '함박눈'은 사람들에게 위로와 희망을 주는 존재를 말합니다. 시에서 사용된 단어의 의미는 시 단원에서 꼭 파악해야 할 핵심이라는 것을 알고 공부를 했다면 이 내용은 시험에 나올 확률이 매우 높을 것으로 생각할 수 있습니다.

더 확실하게 학습하기 위해서는 이 내용을 가지고 스스로 문제를 만들어 보는 방법이 좋습니다. 출제자의 입장으로 보면 문제를 더 확실히 이해할 수 있기 때문입니다. 위 내용 같은 경우에는 '진눈깨비와 의미상 대조적으로 쓰인 시어는 무엇인가?'라는 문제를 미리 내다볼 수도 있지요. 이상의 공부 방법을 차례대로 정리하면 다음과 같습니다.

1. 이번 수업에서 배울 글의 갈래를 미리 확인한다.
2. 글에서 꼭 파악해야 할 내용을 미리 생각하고 본문을 읽어 본다.
3. 수업 중 꼭 파악해야 할 내용과 그와 관련 있는 부분이 설명으로 나오면 형광펜으로 체크하고 교과서나 노트에 적는다.
4. 수업 후 내용을 복습하면서 체크한 부분을 활용해 스스로 문제를 만들어 본다.
5. 문제집을 통해서 실제로 내가 만든 문제가 나오는지 확인하고, 문제 유형들을 살펴본다.

갈래에 따라 알아야 할 내용

글의 갈래	구성 방식	파악해야 할 내용
시	연 또는 행	1. 시에 쓰인 단어의 의미 2. 심상 3. 운율 4. 분위기
수필	기–승–전–결	1. 핵심 사건 2. 분위기
소설	발단–전개–위기–절정–결말	1. 핵심 사건 2. 사건 배경 3. 인물 갈등 4. 서술 시점
설명문 논설문	서론–본론–결론	1. 각 문단마다 중심 내용 2. 주장하는 내용 3. 주장에 대한 근거

국어 문법은 중학교 때 마스터하고 고등학교에 진학하라

내용이 조금 더 어려워지고 용어가 추가되며 고전문법이 추가되는 것을 제외하면 **기본적으로 국어 문법은 고등학교 과정과 중학교 과정이 크게 다르지 않기 때문에 가급적이면 중학교 때 국어 문법을 한 번 완벽하게 정리하는 것이 좋습니다.**

국어 문법도 일종의 '법(法)'이기 때문에 책을 중심으로 공부하되, 많은 종류의 책을 읽어 보려고 하는 것보다는 한 권의 책을 완벽하게 이해하면서 읽는 것이 좋습니다. 왜냐하면 문법 체계는 한 번에 암기되지 않아서 지속적으로 반복 학습하여 내 것으로 만들어야 하기 때문이지요.

현재 우리나라에서 출간되고 있는 중학생을 위한 국어 문법책은 여러 종류가 있고, 교재의 난이도가 각각 다르기 때문에 처음 문법 공부를 시작하는 학생이라면 너무 어려운 교재를 고르지 말고, 자신의 실력에 맞춰서 가급적 빨리 한 번 훑어볼 수 있는 책을 고르는 것이 좋습니다.

일단 문법 공부를 시작했다면 중간에 멈추지 말고 끝까지 한 번 보는 것이 중요합니다. 그래서 **국어 문법은 방학을 이용해 매일매일 꾸준히 한 번에 끝내는 것이 가장 효과적입니다.** 이렇게 문법 체계를 한 번 끝까지 보면, 어느 순간 문법 체계에 대한 큰 틀이 잡힌 것을 느낄 수 있습니다. 이후 학교 수업에서 문법 관련 내용이 나와도 큰 틀 안에서 이해할 수 있게 됩니다.

또한, 수업 시간에 배운 문법 내용이 잘 이해되지 않는다면 사전을 찾아보는 것처럼 한 번 봤던 문법 교재에서 해당 문법을 찾아보는 것도 좋은 방법입니다.

이렇게 공부를 해야 비로소 훨씬 깊이 있는 학습이 이루어지고, 반복 학습이 되어 단기 기억에서 장기 기억으로 넘어가기 때문입니다. 중학교 때 내가 봐왔던 국어 문법들이 고등학교 때 반드시 또 나온다고 생각하면 중학교 시기가 국어 문법을 공부하기에 얼마나 효과적인 시기인지 알 수 있습니다. 그래서 문법은 방학을 이용해 집중적으로 짧은 시간 내에 한 번이라도 훑어보게 하는 것이 효과적입니다.

2장

다양한 유형들이 중요한 수학 공부법

많은 학생이 공통으로 힘들어 하는 과목이 바로 수학입니다. 학년이 올라갈수록 어렵고 복잡해질 뿐만 아니라 학습량도 다른 과목들에 비해 가장 많기 때문입니다. 하지만 수학은 대입을 준비하기까지 절대로 포기해서는 안 되는 과목입니다. 왜냐하면 다른 과목에 비해 문제의 개수가 적기 때문이지요.

이 말은 문제 하나당 배점이 크다는 말인데, 바로 이러한 수학이라는 과목의 특성 때문에 **상위권 학생들에게는 높은 내신을 안정적으로 유지할 수 있는 과목이고, 중위권 학생들에게는 하위권으로 떨어지느냐 상위권으로 올라가느냐를 결정하는 가장 중요한 과목입니다.**

학년이 올라갈수록 어려워지고 복잡해지는 중학교 수학을 효과적으로 공부하기 위해서는 어떻게 해야 할까요?

세 종류의 문제집을 준비하라

초등학교 때 수학은 기본적인 연산을 바탕으로 한 계산 문제가 주를 이룹니다. 이 경우 문제를 푸는 훈련을 하면 할수록 계산 속도도 빨라지고, 실수도 줄어들게 됩니다.

하지만 중학교에 올라오면서부터는 개념을 바탕으로 다양한 응용문제들이 나오게 됩니다. 따라서 중학교 때 수학 내신은 개념에 대한 응용문제를 얼마나 많이 경험하느냐에 따라 결정됩니다.

응용문제의 패턴을 수학 문제에서는 '유형'이라고 하는데, 다양한 유형의 문제들이 소개된 문제집을 보는 것이 아주 중요합니다. 초등학교 때처럼 단순한 문제 풀이 위주의 공부만 한다면 높은 내신 등급을 받기가 매우 힘들기 때문입니다.

특히 중학교 1학년 때는 많은 학교에서 자유학기제로 시험을 보지 않거나 활동 중심의 수행평가 위주로 평가를 진행하므로 수학 학습 방법 변화의 골든타임을 놓치는 경우가 있을 수 있습니다. 이 기간에 단순한 문제 풀이 위주의 수학 학습 방법에서 응용문제 풀이 학습으로 바꾸는 훈련을 하지 않을 경우, 중학교 2학년 때부터 적지 않게 당황할 수 있습니다.

중학교 수학에서부터 개념을 확실하게 이해하지 못한 상태에서 문제를 풀게 되면 학년이 올라갈수록 수학에 흥미를 잃을 수 있을 뿐만 아니라 오개념이 형성되어 조금만 문제를 꼬아도 문제 풀기를 포기하는 경우가 많습니다. 그래서 중학교 1학년 때부터는 다음과 같이 세 종류의 문제집을 준비하는 것이 좋습니다.

현재 우리 아이가 사용하고 있는 수학 문제집이 다음과 같이 세 종류로 갖춰져 있는지 한번 확인해 봅시다.

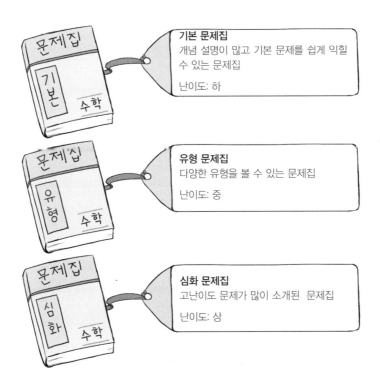

기본 문제집
개념 설명이 많고 기본 문제를 쉽게 익힐 수 있는 문제집

난이도: 하

유형 문제집
다양한 유형을 볼 수 있는 문제집

난이도: 중

심화 문제집
고난이도 문제가 많이 소개된 문제집

난이도: 상

문제 풀이 시간을 체크하라

내신의 관점에서 수학은 얼마나 문제를 잘 풀어내는지 측정하는 것입니다. 조금 더 자세히 설명하면 '제한된 시간 내에' 얼마나 문제를 많이 풀어내는지 측정하는 것이라고 할 수 있습니다.

즉, 문제를 접했을 때 풀 수 있는 문제와 풀기 어려운 문제를 빨리 구별하여 문제 풀이의 우선순위를 정하는 것이 매우 중요합니다.

제한된 시간 내에 많은 문제를 풀기 위해서는 쉬운 문제는 되도록 빨리 풀어야 합니다. 그래야 어려운 문제를 대할 때 여유가 생기기 때문입니다. 야구 선수가 스트라이크 존에 들어오는 공을 고르는 것처럼 문제의 난이도를 구분할 수 있는 능력이 필요합니다. 이때 **유용하게 사용하는 것이 기출문제를 시험형태로 정리하여 시간을 정해 놓고 풀어 보는 것입니다.**

대부분의 문제집에서는 단원이 끝날 때마다 종합적으로 문제를 소개하고 있는데, 이 부분을 풀 때는 학교 시험과 같이 시간을 정해 놓고 시험과 똑같은 환경에서 풀어 보는 것이 중요합니다. 즉, 쉬운 문제와 어려운 문제를 골라서 쉬운 문제부터 풀어 보는 훈련을 하는 것이 효과적입니다.

문제집에 풀이하지 말고 풀이 노트에 풀이하라

많은 학생이 하는 실수 중 하나가 풀어 본 문제를 제대로 다시 풀지 않는다는 것입니다. 만약 다시 푼다고 하더라도 눈으로만 훑어보고 넘어가는 경우가 많습니다.

문제를 풀었을 때 틀려서 해답을 보고 이해한다고 하더라도 딱 그때뿐인 경우가 많은데 많은 학생이 이것을 확실히 이해했다고 착각하기 쉽습니다.

그 이유는 두 번째 복습할 때 문제집에 해답과 풀이과정이 모두 적혀 있어서 틀린 문제를 눈으로만 보고 넘어가는 경우가 많기 때문입니다.

이때 생길 수 있는 문제점을 해결하기 위해서는 **될 수 있으면 문제집에 직접 풀이하지 말고, 풀이 노트에 문제를 푸는 것입니다.** 우선 노트를 하나 준비하고 한 페이지의 반을 세로로 접습니다. 그리고 가운데 가로줄을 선으로 긋습니다. 그러면 총 4개의 영역이 생기게 됩니다.

이 칸은 보통 시험지에서 한 문제를 풀 때의 공간입니다. 그 공간 안에서 문제를 푸는 연습을 하는 것이 중요합니다. 시험지에 문제를 풀다 보면 다른 문제의 영역을 침범할 수도 있고, 그렇게 되면 다음 문제를 풀이할 때 혼동이 될 수 있기 때문입니다.

또한, 노트에 문제를 풀게 되면 문제집에는 아무런 필기도 되어 있지 않기 때문에 다음 복습을 할 때 처음 문제를 접했을 때와 같이 깨끗한 환경에서 문제를 대하게 됩니다.

즉, 풀이 노트에 풀이하고, 답 표시와 채점도 풀이 노트에 하는 것입니다. 틀린 문제의 경우, 문제집에 내가 틀렸다는 표시만 하면 됩니다. 그런 다음 주말이나 시험 기간을 이용해 문제집에 표시된 틀린 문제만 풀어 본다면 내가 틀릴 확률이 큰 문제만 효과적으로 검토할 수 있으므로 풀이 실수를 훨씬 줄일 수 있습니다. 만약 두 번째 풀 때도 틀렸다면 그 문제는 오답 노트에 따로 기재하면 됩니다.

방학 때는 예습 위주, 학기 중엔 심화 위주

많은 학생들은 수학이라고 하면 엄청난 속도로 미리미리 학년을 앞서서 배워야 한다고 생각하고 있습니다. 물론 수학 공부에서 예습 속도는 무척 중요한 요소 중 하나입니다.

하지만 무리한 예습을 하다가 정작 학기 중 진행되는 내신에서 좋은 결과를 얻지 못하는 사례도 많이 발생합니다. 그 이유는 심화 문제를 소홀히 하기 쉽고, 너무 예습 속도가 빨라 지금 배우는 내용에 대한 기억이 가물가물해지기 때문이지요.

따라서 학기 중에는 미리 예습하는 것도 중요하지만 지금 배우고 있는 내용의 심화 문제를 얼마나 접하고 풀 수 있는지 체크하는 것이 중요합니다.

그래서 수학 학습은 선순환의 사이클이 중요합니다. 일반적으로는 방학 때는 예습 위주로 진도를 나가고, 학기 중에는 심화 위주로 학습한다면, 더 효과적으로 내신을 관리할 수 있습니다.

특히 수학 과목은 심화 문제에서 내신이 결정되는 경우가 많으므로 최고 수준의 내신을 얻기 위해서는 학기 중 심화 문제에 많은 시간을 투자해야 합니다.

미리미리 준비하는 영어 공부법

초등학교 때는 학교에서 배우는 시간도 적고, 주로 회화 위주의 간단한 내용으로 접하게 되는데, 중학교에 올라오면서부터 영어는 중요한 내신 과목 중 하나가 되어 배우는 시간도 많고, 갑자기 내용도 어려워지기 때문에 효과적인 공부법을 익힐 필요가 있습니다.

특히 **대입의 중요한 요소 중 하나인 수능에서 영어는 절대평가로 치러지는 과목이므로, 중학교 때 일정 수준 이상으로 영어 실력을 키워 자신감을 가지면 학년이 올라갈수록 다른 과목에 집중할 수 있는 시간을 확보할 수 있는 전략적인 과목임**이라고 할 수 있습니다.

이번 시간에는 효과적인 영어 학습 방법에 대해 살펴보겠습니다.

문법 - 응용 가능한 수준까지 끌어올리는 3단계 공부법

초등학교 때 흥미를 유지하면서 즐겁게 배우는 활동 중심으로 영어를 접했던 많은 학생들이 중학교에 올라와서 영어를 접하고 가장 어려워하는 것이 바로 문법입니다. 딱딱하고 많은 양의 내용을 한꺼번에 익혀야 하기 때문이지요.

하지만 문법을 제대로 이해해야 어려운 내용을 정확하게 이해할 수 있고, 실제로 내신 상위권을 결정하는 문제가 문법에서 많이 나오기 때문에 문법은 반드시 정복해야 할 영역입니다.

중고등학교 영어 내신 수준은 문법에 얼마나 자신이 있느냐 없느냐로 구분할 수 있을 정도입니다.

그렇다면 어떻게 영어 문법을 효과적으로 학습할 수 있을까요? 다음은 영어 문법을 학습하는 3가지 공부법입니다.

① 문법 핵심문장을 암기하기

국어와 마찬가지로 문법은 독해, 쓰기, 듣기까지 영어의 모든 영역에서 기본이 되기 때문에 한 번을 보더라도 확실하게 익히는 것이 중요합니다. 중학교 교과서에서는 문장형식과 품사를 강조하고 있는데, 특히 교과서에서 문법을 설명할 때 예시로 사용하는 핵심 문장들을 완벽하게 암기하는 것도 좋은 방법입니다.

> **예 1**
>
> - 문법 내용: - to 부정사를 목적어로 취하는 동사
>   want/ decide/ hope/ plan/ promise/ learn + to 부정사
> - 핵심문장: The students decided to draw the school band
>   (학생들이 학교 밴드를 이끌기로 결정했다.)
>
> **예 2**
>
> - 문법 내용: - to 부정사의 부사적 용법
>   목적(-하기 위해서), 감정의 원인(-하니까),
>   판단의 근거(-하다니), 결과(그 결과-하다), 조건(-라면)
> - 핵심문장: What can we do to celebrate it?
>   (축하하기 위해서 우리가 무엇을 할 수 있을까?)

② 영어 동화책, 영자 신문 등에서 관련 문장을 찾아보기

중학교 때의 영어 시험은 학교에서 배우는 교과서를 중심으로 대부분의 문제가 출제되므로 준비하기는 편하지만, 그래도 반드시 일주일에 한 시간 이상씩 영어 동화책, 영자 신문 등 교과서 외의 영어 문장을 접하는 것이 중요합니다.

교과서를 중심으로 학습하다 보면 응용력이 약해져서 조금이라도 응용된 문제가 출제되면 당황하여 쉬운 문제도 틀리기 쉽기 때문이지요.

영어 문법의 응용력을 높이는 방법은 교과서 외 영어 문장을 통해

서 교과서에서 외운 핵심문장과 비슷한 문장을 찾아 비교하는 훈련을 하는 것입니다.

이때 형광펜 등을 이용하여 체크하면 더 효과적인데, 마치 숲 속에서 네 잎 클로버를 찾는 느낌으로 본문을 읽다 보면 집중력도 높일 수 있고, 흥미를 가지고 영어 문장을 꼼꼼하게 볼 수 있습니다.

③ 영어일기를 쓰면서 배운 문법을 작문으로 연결시키기

학습한 내용을 확실하게 외우고, 관련 문장을 찾는 것을 넘어서 문장 안에서 자유자재로 활용할 수 있어야 문법을 완벽하게 이해할 수 있다고 말할 수 있습니다.

영어 내신에 큰 배점을 차지하고 있는 글쓰기 수행평가에서는 문법적 오류가 있는지 없는지가 중요한 평가 요소입니다. 따라서 문법을 위한 문법 공부가 아니라 활용을 위한 문법 공부로 연결하는 것이 중요합니다.

이때 가장 효율적인 도구가 바로 영어일기입니다. 일기를 쓰기가 어렵다면 일주일에 한 번씩은 교과서에서 배운 문법의 핵심문장과 영어 동화책이나 영자 신문 등에서 찾은 문장을 활용해 나만의 이야기를 작문하는 시간을 가져보도록 하는 것도 좋습니다.

이러한 순서로 영어 문법을 효과적으로 학습하는 3가지 단계를 숙달한다면 영어 문법을 자연스럽게 내 것으로 만들 수 있을 것입니다.

독해 – 제한 시간 내 정확한 해석을 하게 만드는 3단계 공부법

중학교 때 영어는 회화 위주의 초등 영어에서 벗어나 독해 수준이 크게 높아집니다. 아울러 재미 위주의 이야기책에서 본격적으로 비문학 문장들을 접하면서 나오게 되는 생소한 단어들 때문에 많은 학생들이 당황하고 있습니다.

실제로 **중학교 영어 시험에서는 비문학 출제율이 높고, 대입을 결정짓는 수능에서도 거의 모든 지문이 비문학 지문이기 때문에 이에 대한 대비를 하는 것이 독해 학습의 핵심이라고 할 수 있습니다.**

더군다나 내신을 결정하는 시험은 제한된 시간 내에 얼마나 많은 문장을 빠르고 정확하게 해석하느냐가 관건이기 때문에 이에 대한 공부법이 필요하다고 할 수 있습니다.

그렇다면 어떻게 영어 독해 능력을 끌어올릴 수 있을까요? 다음은 영어 독해 능력을 기르는 3가지 공부법입니다.

① 교과서 내용을 수업 전 미리 살펴보기

중학교 영어 공부는 교과서가 기본이 되므로 미리 훑어보는 것만으로도 내신 대비에 큰 도움이 됩니다. 따라서 복습 위주보다는 예습 위주의 학습이 중요합니다.

중학교 내신 시험에서는 대부분 교과서 지문이 그대로 출제되는 경우가 많아 시험 기간에만 집중적으로 교과서 지문을 거의 암기에 가까울 정도로 학습하는 경우가 많습니다. 하지만 이러한 공부법은 중학교 시험에서는 어느 정도 도움이 될지 모르지만, 고등학교에 입학한 후로는 오히려 역효과가 발생할 수 있습니다.

고등학교 때는 수능을 대비한 시험 문제가 많이 출제되기 때문에 교과서 외 지문에서의 출제 비율이 높고, 교과서 본문이 나온다고 하더라도 그대로 나오는 경우가 거의 없으며 많은 부분이 변형되어 출제되기 때문입니다.

따라서 **영어 수업이 있는 전날 30분 정도의 시간을 투자하여 수업 시간에 배울 본문의 내용을 미리 살펴보고, 해석이 안 되는 부분을 형광펜으로 체크하도록 합니다.** 이렇게 수업에 들어가기 전에 본문 내용을 미리 접해 봐야 나의 영어 독해 수준을 가늠할 수 있고, 내가 무엇을 모르고 있는지 알 수 있기 때문에 수업 시간에 무엇을 배워야 하는지 정확하게 알 수 있어 효과적으로 학습할 수 있습니다.

② 예습 때 모르는 어휘가 나왔다면 예문 노트로 정리하기

아무리 좋은 자동차를 가지고 있더라도 연료가 없다면 쓸모가 없듯이, 영어 문법 체계를 완벽하게 이해하고 있더라도 영어 단어를 모른다면 독해에서 절대적으로 불리할 수밖에 없습니다. 그래서 영어 단어는 영어 공부를 하는 동안 계속 진행되어야 합니다.

그렇다면 어떻게 영어 단어를 익혀야 할까요? 무조건 외우기만 하면 될까요? 결론부터 말하면 영어 단어는 무조건 외운다고 절대 익힐 수 없으며, **단시간에 많은 내용을 익히는 것보다는 한두 개의 단어라도 꾸준히 익히는 것이 중요합니다.**

문장 속에서 영어 단어가 어떻게 활용되는지 알아야만 빠른 독해를 할 수 있기 때문입니다. 내신 대비 측면에서의 영어 독해는 주어진 시간 내에 얼마나 정확하게 내용을 이해하느냐에 대한 문제인데, 많은 학생들이 문장 속에서 단어가 어떻게 활용되는지 학습하지 않고, 단순히 많은 양의 단어를 단편적으로만 암기하고 있어서 매우 안타깝습니다.

예를 들어, 'I love you'라는 문장을 'I(나) love(사랑한다) you(너)'라고 해석하는 사람은 아무도 없을 것입니다. 왜냐하면 우리는 'I love you'라는 문장 자체를 하나의 단어로 인식하기 때문입니다.

마찬가지로 단어를 하나하나 외운다면 독해 속도에서도 문제가 될 뿐만 아니라 정확한 독해도 힘듭니다. 하나의 단어가 하나의 뜻만 가지는 것은 아니기 때문이지요.

그래서 영어 단어는 예문을 중심으로 암기가 이루어져야 합니다. 이것이 '독해 공부법 ①'이 중요한 이유입니다. 예습을 진행하면서 모르는 단어를 찾는 것이 중요하기 때문입니다.

모르는 단어가 나왔을 때는 그 단어가 속해 있는 문장 자체를 나만의 예문 노트에 따로 정리하고, 단어 자체의 뜻보다는 문장 전체의 의미를 적는 것이 효과적입니다.

그다음에 시험 기간이나 시간이 날 때마다 자신의 예문 노트를 반복 복습하여 내 것으로 만들어야 합니다.

- represent(~ 대표하다, ~ 대변하다, ~ 해당하다)

  A dove represented peace(비둘기는 평화를 상징한다)

- even if(~에도 불구하고, (비록) ~ 일지라도)

  Call me even if you're busy(바빠도 나에게 전화해라)

③ 고등학교 모의고사를 활용하여 자신의 실력을 점검하기

해마다 3월, 6월, 9월, 11월에는 고등학생들을 대상으로 한 전국 연합학력평가를 시행합니다. 우리가 흔히 모의고사라고 하는 시험입니다. 모의고사는 지금 나의 영어 실력을 알아볼 수 있는 좋은 도구가 될 수 있습니다.

모의고사를 활용하는 이유는 제한된 시간 내에 얼마나 정확하게 많은 문장을 독해할 수 있는지 확인할 수 있기 때문입니다. 스스로 도전의식을 키울 수 있고, 영어 학습에 대한 목표 설정도 할 수 있는 효과적인 방법입니다.

특히 고등학교 1학년 3월 모의고사는 중학교 과정의 내용을 중심으로 출제되기 때문에 중학교 3학년 학생들이라면 한 번 정도 모의고사를 통해 자신의 실력을 점검해 보는 것이 좋습니다.

인터넷 포털사이트에 '3월 모의고사'라고 검색하면 모의고사 문제와 정답을 쉽게 구해 다운로드할 수 있습니다. 문제를 받고 제한된 시간 내에 직접 모의고사를 보면 자신의 영어 실력을 검증할 수 있으며 동시에 수능에 대한 감각도 키울 수 있답니다.

3월 모의고사에서 자신감을 얻었다면 점차 6월, 9월, 11월로 회차 수를 높여가면서 자신의 영어 실력을 검증하고 개선한다면 영어 실력을 높일 수 있습니다.

영역별 흐름을 파악하는 과학 공부법

　2015 개정 교육과정이 도입되면서 이미 고등학교에서는 문·이과 통합 교육이 시행되고 있습니다. 예전에는 문과로 진로가 결정된 학생의 경우 다른 과목에 비해서 상대적으로 과학에 큰 비중을 두지 않았지만, 이제는 누구나 다 고등학교 1학년부터 통합과학과 과학탐구실험 과목을 배워야 합니다. 또한, 이 두 과목의 단위 수가 크기 때문에 내신이 중요한 지금의 입시제도에서는 무시할 수 없는 과목입니다.

　다행히 고등학교 1학년 때 배우는 통합과학과 과학탐구실험 과목은 중학교 때의 내용을 기반으로 구성되어 있어서 중학교 때 과학 개념을 충분히 이해하고 고등학교에 진학한 학생이라면 좋은 내신을 확보할 수 있답니다.

　이번 시간에는 과학 공부 방법에 대해 살펴보겠습니다.

교과서에 나와 있는 과학의 영역을 파악할 것

많은 학생들이 알고 있다시피 과학은 크게 4가지 영역으로 나눌 수 있습니다.

물리, 화학, 생명과학, 지구과학이 그것인데요. 고등학교에 들어가면서부터 각각의 분야를 선택하여 수업을 듣게 되지만 중학교 과학 교과서에서는 4가지 영역 모두 한 교과서 안에 들어 있어 내용 자체로만 보면 굉장히 많은 내용을 학습해야 합니다.

이와 같이 과학이란 과목은 깊이 있게 공부를 하면 할수록 알아야 할 것들이 더 많아지는 과목이기도 합니다. 이러한 과목의 특징 때문에 많은 학생들이 과학 공부의 흐름을 놓치면서 금방 포기하는 경우가 많습니다.

과학을 포기하지 않기 위해서는 현재 적용되고 있는 2015 개정 교육과정 과학 교과에서 어떤 내용을 배우는지 전체적으로 살펴보는 것이 중요합니다.

특히 새로운 교육과정에서는 기존의 4가지 영역 외에 통합 단원이 신설되어서 현재 중학교 과학 교과서에서는 총 5가지 영역을 다루고 있습니다. 2015 개정 교육과정 과학 교과서에서 배우는 내용과 각각의 단원들을 학년·영역별로 나누면 다음과 같이 정리할 수 있습니다.

2015 개정 교육과정에서 배우는 과학

학년	1학년	2학년	3학년
내용	지권의 변화	물질의 구성	화학 반응의 규칙과 에너지 변화
	여러 가지 힘	전기와 자기	기권과 날씨
	생물의 다양성	태양계	운동과 에너지
	기체의 성질	식물과 에너지	자극과 반응
	물질의 상태 변화	동물과 에너지	생식과 유전
	빛과 파동	물질의 특성	에너지 전환과 보존
	과학과 나의 미래	수권과 해수	별과 우주
		열과 우리 생활	과학기술과 인류 문명
		재해 재난과 안전	

📖 과학의 5가지 영역

영역	학습 내용
물리	• 여러 가지 힘 • 빛과 파동 • 전기와 자기 • 운동과 에너지
화학	• 기체의 성질 • 물질의 상태변화 • 물질의 구성 • 물질의 특성 • 열과 우리 생활 • 화학 반응의 규칙과 에너지 변화 • 에너지 전환과 보존
생명과학	• 생물의 다양성 • 식물과 에너지 • 동물과 에너지 • 자극과 반응 • 생식과 유전
지구과학	• 지권의 변화 • 태양계 • 수권과 해수 • 기권과 날씨 • 별과 우주
통합 단원	• 과학과 나의 미래 • 재해 재난과 안전 • 과학기술과 인류 문명

학년을 뛰어넘는 영역별 노트 만들기

앞서 설명한 것처럼 중학교 과학 단원들은 학년을 뛰어넘어 영역별로 연결되어 있습니다. 따라서 수업에 들어가기 전 이번에 배우게 될 내용을 미리 살펴본 후 전에 배웠던 어떤 내용과 연결되는지 살펴볼 필요가 있습니다.

예를 들어, 물리 단원에서 운동과 에너지를 쉽게 이해하기 위해서는 앞에서 배웠던 힘과 운동 단원을 정확히 알고 있어야만 합니다. 당연히 이 내용은 고등학교 물리와 연계되기 때문에 학년을 뛰어넘어 예전에 배웠던 내용을 정확히 기억해 내는 것이 중요합니다.

화학 단원도 마찬가지입니다. 중학교 1학년에서부터 고등학교 3학년까지의 내용이 쭉 연결되어 있습니다. 예를 들어, 중학교 때 배우는 상태 변화와 에너지 출입, 원소 기호, 이온식 등은 고등학교 화학까지 연결됩니다.

생명과학의 경우 중학교 3학년 때 배우는 생식과 유전 파트가 매우 중요한데, 그 이유는 이 부분이 고등학교에 올라가서 배우는 생명과학의 기초단계가 되기 때문입니다. DNA, 유전자, 염색체에 대한 개념과 세포 분열 과정 등을 잘 이해해 놓으면 고등학교에 올라가서도 내신 관리에 큰 도움을 줄 수 있답니다.

따라서 **중학교 1학년 때부터 영역별로 노트를 구분하여 개념을 정리하고 문제 유형을 정리하는 학습 습관을 기르는 것이 좋습니다.** 고등학교 때 과학을 수월하게 공부하기 위해서라도 중학교 때 개념 이해는 필수인데, 과학 교과서에 있는 내용을 영역별로 나누어 공부하다 보면 흐름이 끊기지 않고 자연스럽게 고등학교 과정으로 연결되는 경험을 할 수 있습니다.

노트를 정리할 때는 한 면을 세로로 반으로 나누고 왼쪽에 개념을 오른쪽에 개념과 연관된 대표적인 문제를 기록하는 것이 나중에 기억할 때나 문제 풀이의 적응력을 기를 때 좋습니다.

영역별 노트 기록 방법

교과서에 나오는 실험은 반드시 문제 풀이를 통해 응용력을 키울 것

과학은 실험의 학문입니다. 과학자가 하나의 실험에 성공해 이론을 증명하면 놀라운 업적이 되고, 그 업적이 교과서에 실리게 됩니다. 그런 측면에서 **일단 교과서에 나와 있는 실험은 역사상 가장 위대한 실험 중 하나라고 생각하고, 무조건 시험에 나온다고 가정해야 합니다.**

교과서에서 나오는 실험은 대부분 그림이나 사진을 통해서 설명하고 있기 때문에 실험 그림과 사진만 제대로 기억하고 있어도 이 문제가 어디에서 나왔는지 금방 알아챌 수 있습니다.

하지만 실험을 이해한다고 해서 실제 문제 풀이에서 정답으로 이어지는 것은 아니기 때문에 반드시 문제집을 활용해서 그 실험이 어떤 형태의 문제로 나오는지 체크해 봐야 합니다. 문제를 통해서 실험을 이해하는 것이지요.

교과서에 실험 그림이 나왔다면 영역별 노트에 그 실험을 반드시 표시해 놓고 관련 문제까지 기록해야 합니다. 조금만 관심을 더 가지면 영상 매체나 각종 학습 자료 등에서 관련 실험 동영상을 찾을 수 있기 때문에 실험을 직접 해 보지 않더라도 실제로 해 본 것과 같이 쉽게 이해할 수 있습니다.

특히 과학 교과에서 실험은 대부분 수행평가로 진행되기 때문에 수행평가로 제시되는 실험의 경우, 실험 준비물, 실험 순서, 실험에서 주의할 점, 얻어야 할 결과, 결과 해석 방법 등을 미리 공부해야 합니다. 실험을 통해 수행평가 점수도 올릴 수 있으니까요.

고등학교에 올라가서 과학탐구실험이라는 과목이 따로 있을 정도로 내신에 있어서 실험에 대한 이해는 필수라는 사실을 기억하시기 바랍니다.

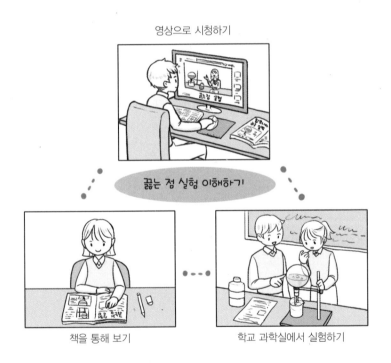

영상으로 시청하기

끓는 점 실험 이해하기

책을 통해 보기

학교 과학실에서 실험하기

생활 속 현상과 접목하는 사회 공부법

많은 학생들이 사회 과목을 떠올리면 암기 과목으로 생각해 영어나 수학에 비해 상대적으로 쉬운 과목, 시험 기간에만 하는 과목으로 생각하는 경향이 있습니다.

물론 영어나 수학에 비해 단기간에 암기를 통해 성적을 올릴 수도 있겠지만, 자칫 사회 과목에 대한 오해와 편견으로 중학교 때부터 단순하게 공부한다면 고등학교에 올라가서 발목을 잡는 과목이 될 수도 있답니다.

왜냐하면 사회 과목은 교과서 내용뿐 아니라 현재 우리 생활에서 나타나는 현상에 대한 내용이 접목되어 시험에 나오기도 하고 다른 교과에 비해서 훨씬 다양한 방법으로 수행평가가 시행되고 있기 때문입니다.

이번 시간에는 사회 공부 방법에 대해 살펴보겠습니다.

사회 과목에 흥미를 높이는 방법

무엇보다 사회 시간은 우리가 사는 세계를 탐구하는 시간이라고 생각하면서 수업에 임하는 것이 중요합니다. 수업에서 배우는 내용을 단순하게 정리만 하다 보면 나중에는 너무나 외울 것이 많아져 금방 질릴 수도 있기 때문이지요. 이 때문에 우리 자신과 이웃에 대하여 항상 관심을 두고 수많은 질문을 던져 보는 습관이 중요합니다.

이때 정리 노트에 내가 배운 내용을 정리하는 것과 동시에 반드시 배운 내용과 관련된 질문을 같이 기록한다면 수업에 더욱 흥미와 관심을 가질 수 있을 것입니다.

또한, 수업 시간에 질문이 많아지면 많아질수록 적극적으로 수업에 참여하게 되어 학교생활기록부 교과학습발달사항의 세부능력 및 특기사항에도 더욱 많은 내용이 기록될 수 있을 것입니다.

다음은 사회 노트에 배운 내용과 질문을 적어 놓은 사례입니다.

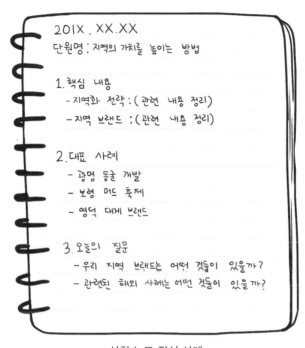

사회 노트 작성 사례

사회 과목 내신은 수행평가가 결정한다

다른 과목에 비해 사회는 다양한 수행평가 방식으로 학생들의 역량을 점검할 수 있습니다. **전 교과를 통틀어서 가장 다양한 방법으로 수행평가를 할 수 있는 과목이 사회 과목이기 때문에 한 학기 동안 수행평가 항목과 평가 기간을 학기 초에 미리 선생님께 여쭤 보고 미리 준비하는 학습 전략이 필요합니다.**

그렇지 않으면 평가 기간이 다가올수록 점점 조급하게 준비하게 되고 결과적으로 좋은 점수를 받을 수 없게 된답니다.

다음은 한 학생의 수행평가 준비 일정표입니다. 예시처럼 일정표에는 평가의 시기, 종류, 점수, 내용 등을 표시하면 좋습니다. 예시를 보고 미리미리 수행평가에 대비해 봅시다.

📖 사회 수행평가 일정표

시기	평가 종류	점수	평가 내용
10월 1주	논술형 평가	20점	원자력 발전소 건설 관련 논술 쓰기
10월 3주	서술형 평가	20점	환경 보고서 만들기
11월 1주	모둠 활동	10점	모둠 활동 포트폴리오
9월 1주 ~ 12월 3주	포트폴리오	10점	교과 내용 포트폴리오

사회 실력은 배경지식을 키울수록 쌓인다

사회 과목은 상식이 많이 쌓일수록 쉽게 이해할 수 있습니다. 상식을 쌓기에 가장 좋은 방법은 바로 학생 눈높이에 맞는 책을 보거나 신문, 잡지 등을 보는 것입니다.

특히 사회면, 경제면, 국제면을 보다 보면 고등학교에 들어가서 배우게 되는 사회 교과인 사회문화, 법과 정치, 경제 등의 과목에서 좋은 성적을 받을 수 있을 것입니다. 그러면 자연스럽게 세계정세도 볼 수 있고 세상이 어떻게 돌아가는지도 이해할 수 있답니다.

신문을 볼 때는 처음부터 모든 기사를 다 본다고 생각하지 말고 헤드라인을 중심으로 관심이 가는 기사부터 보는 것이 좋습니다. 이렇게 한두 달 진행하다 보면 신문 읽기가 익숙해지게 됩니다. 어느 정도 신문 읽기가 익숙해질 때쯤 흥미 있는 기사를 스크랩하고 그 옆에 자신의 의견을 적는 훈련을 해 보세요. 그러면 사회 현상에 대한 비판 의식도 쌓이고, 교내 토론 대회 등에서 좋은 결과도 얻을 수 있답니다.

그 밖에 역사와 지리 부분은 관련된 다큐멘터리나 도서를 통해 배경지식을 넓히는 것이 좋습니다. 특히 주말이나 방학을 이용해 박물관이나 유적지, 관련 지역을 직접 찾아가 배운 내용을 확인해 본다면 더 확실히 내용을 이해할 수 있을 것입니다. 굳이 기억하려고 하지 않아도 내용이 자연스럽게 생각날 테니까요.

시험 기간에는 반드시 문제집을 활용해 문제 응용력을 키울 것

중학생들이 사회 공부를 할 때 가장 많이 실수하는 것 중 하나가 수업 시간에 배운 내용을 정리하고 그것만 기계적으로 외운다는 것입니다.

물론 사회는 배운 내용을 체계적으로 암기하는 것이 중요하지만, 배운 내용이 어떻게 문제로 나오는지 미리 알 수 있다면 내용을 암기할 때보다 효과적으로 진행할 수 있습니다.

따라서 자습서나 평가문제집 외에도 시험 기간에 고득점을 받기 위해서는 별도의 문제집을 한 권 더 준비하여 문제 유형들을 파악하는 것이 중요합니다. 어떤 문제집을 골라야 할지 고민된다면 인터넷 강의를 이용하는 것도 좋은 방법입니다.

EBS 인터넷 강의(http://mid.ebs.co.kr/main/middle)에는 사회 교과와 관련한 다양한 강의들이 개설되어 있으므로 일주일에 한 번씩은 주기적으로 강의를 통해 배운 내용을 다시 한 번 확인해 보는 것도 좋은 학습 방법입니다.

부록

전국 명문고들의
특별한 대학 입시 노하우 살펴보기!

영재학교, 과학고, 외국어고, 국제고 등 특목고들은 각 학교마다 특수한 목적에 따라서 교육과정이 운영되고 있습니다. 또한, 전국단위 선발로 신입생을 모집하고 있는 자사고들의 입시 노하우들도 많이 알려져 있습니다. 즉, 위에서 말한 학교들은 입시 준비의 측면에서 보면 특수한 경우라고 볼 수 있습니다.

그렇다면 위의 학교들을 제외한 전국의 명문고에서는 어떻게 입시를 준비하고 있을까요? 직접 취재를 해 본 결과, 뛰어난 입시 결과를 보이는 학교들은 오랜 기간 쌓아온 입시 준비의 노하우를 가지고 입시제도의 변화에 따라 유연하게 대처하고 있었습니다.

이러한 학교들의 입시 노하우를 살펴보는 것만으로도 우리 학생들이 입시를 준비할 때 큰 도움을 받을 수 있습니다. 그 학교에 들어가지 않더라도 학교에서 진행하고 있는 입시 준비를 나에게 적용하여, 보다 경쟁력을 갖출 수 있기 때문입니다. 이제부터 각 학교의 입시 노하우를 살펴볼까요?

01

평가 방식을 다변화하여 경쟁력 있는 학생부를 만들어 주는 보인고등학교

변화하는 입시에 대비하기 위해 보인고등학교에서는 평가 방식을 다변화하여 학생들의 역량을 키우고 있습니다. 지필평가와 수행평가의 방식을 교육적 목표와 대입 전형에 맞춰 변화시키고 있는 것이지요.

특히 실험과 토론평가 등 심층적 탐구활동 형태로 수행평가를 시행하고 있습니다. 예를 들어, 경제 과목의 경우 교과서 단어를 활용하여 실물 경제에 접목하는 수행과제를 제시합니다. 환율이라는 개념을 배웠다면 학생들은 최근 국제 환율 변동에 대해 조사하게 하고 이것이 우리나라 경제에 미치는 영향까지 조사하여 발표하게 하는 것이지요. 이때 교사는 학생들의 수행과제를 하나하나 꼼꼼히 살펴보며 마치 대학에서 교수가 논문을 지도하듯이 피드백을 해 줍니다.

이러한 평가 방식과 학교생활기록부 기재 방식은 학생들이 학생부 종합전형에서 경쟁력을 갖출 수 있도록 해 줍니다.

또한, 독서 활동 역시 단순히 다독과 기록만을 강조하지 않고 수업 연계성, 융합 교육, 전공 탐색 방식으로 운영하며 문학의 밤, 독서발표 대회, 독서 골든벨 등의 행사를 통해 입체적으로 학생들의 역량을 발휘할 수 있도록 진행하고 있습니다.

한편, 학교생활기록부에는 원칙적으로 학교에서 주최 주관한 활동만 기재할 수 있지만, 예외로 교육청 직속기관에서 주최 주관한 활동 중 학교장 결재를 득하여 참여한 경우에 대해서도 기재할 수 있는데, 보인고에서는 이러한 활동에 참여할 수 있도록 그때그때 정보를 제공하고 있습니다.

이러한 활동을 보인고에서는 '인문자연 융합특강'이라고 부릅니다. 특히 서울시 교육청 직속기관인 각 지역에 위치한 도서관 및 평생학습관의 교육 프로그램을 활용하고 있습니다. 이 기관에서는 운영하는 수많은 특강을 조사하고 학생들에게 도움이 될 만한 프로그램이라면 학생들에게 참여할 수 있도록 안내하고 그에 따른 후속 활동을 관리하고 있습니다.

학생부 종합전형에서 경쟁력을 갖추기 위해서는 '양'보다 '질'이 중요한데 보인고에서는 단순히 특강에 참여하는 것에 그치지 않고 특강의 경험을 출발점으로 하여 학생들이 더 깊이 있는 탐구와 연구를 할 수 있도록 장려하고 있으며, 그러한 개별 활동들을 생활기록부에 기록할 수 있도록 체계화되어 있습니다.

02

선·후배 간 지식 나눔 캠프와
독서 토론 캠프를 하는 수지고등학교

경기도 용인시에 있는 수지고등학교는 특색 있는 교육으로 유명합니다. 그중 몇 가지를 소개하겠습니다.

우선 수지고의 '지식 나눔 과학 캠프'는 과학 중점반 2학년 학생들이 1학년 후배와 관내 중학생들에게 지식 나눔을 실천하는 행사입니다. 캠프는 수지고에서 열리는데 모든 참가자들이 직접 실험에 참여합니다. 실험 주제는 '날개 없는 선풍기 만들기', '종이컵 스피커 제작', '나일론 합성'등 주로 실생활과 관련된 것들이죠. 실험과 강연을 진행한 학생에게는 이 시간이 봉사 활동으로 인정됩니다.

그런가 하면 유명 강연 프로그램 TED의 수지고 버전인 '수지 퓨전 콘서트'도 인기입니다. 이 행사는 학생들이 직접 강연의 주제를 정한 뒤 관련 자료들을 조사하고 결과물을 만들어 청중 앞에서 발표하는 형태로 진행됩니다. 수지고는 재학생들의 독서 역량을 강화시키는 프로그램도 다각도로 운영하고 있습니다. 또한, 교내에는 소규모 독서 토론 동아리가 65개나 있는데, 모두 담당 교사가 있어 학생들이 활동 내역을 책자나 포트폴리오로 정리할 수 있도록 도와주죠. 여기서 얻어진 결과물은 학교생활 기록부에 반영된다고 합니다.

여름 방학 때는 '독서 토론 캠프'도 열립니다. 예술, 철학, 사회 등 매년 각기 다른 분야에서 한 권의 책을 선정해서 이를 읽고 토론하는 시간을 갖죠. 수지고는 매년 40권의 권장 도서를 선정하는데, 해당 도서의 작가들 중 한 명을 학교로 초청해 인문학 특강을 열기도 합니다. 권장 도서 중에서 5권의 필독서를 엄선하여 독서 올림피아드도 개최하지요. 독서 올림피아드는 책에 대한 이해와 비판적 사고력을 검증하는 일종의 독후감 대회로 학생들의 참여 열기가 뜨겁습니다.

한편, 1학기 기말고사가 끝나고 나면 전교생이 마음껏 책을 읽는 '독서 집중 기간'도 이어집니다. 이 기간에 수지고 학생들은 수업 시간 및 자율 학습 시간을 활용해 독서 삼매경에 빠지죠.

03

독서 활동의 세분화를 통해 대입 경쟁력을 키우는
양정고등학교

서울시 양천구 목동에는 1905년에 개교한 양정고등학교가 자리하고 있습니다. 이 학교는 원래 종로구 도렴동에서 창학하여, 1918부터 1987년까지 중구 만리동에 자리했었고, 1988년 목동으로 자리를 옮겨 지금까지 서울의 인재들을 키우고 있습니다.

양정고는 2011학년도부터 자사고로 운영되고 있으며, 1924년에 결성된 문예반을 비롯해 40여 개가 넘는 동아리가 있습니다. 학교는 '1인 1동아리' 체제를 유지하기 위해 각종 지원을 아끼지 않습니다. 다양한 동아리 활동을 비롯해 연구 과제 프로그램인 1인 2과제, 40여 개가 넘는 경시대회와 공모전, 과제 학습 답사 등의 교육 프로그램을 운영하고 있습니다.

교육 시설 역시 양정고의 장점이라고 할 수 있습니다. 특히 양정고는 학생들의 독서 역량을 강화시키기 위해 3가지 프로그램을 운영하고 있습니다. '다독다독(多讀多讀)', '독서 하브루타', '저자 탐색 프로그램'이 바로 그것이죠. 모두 학교 도서관이 중심이 되어 이루어지는 독서 활동인데, 그중에서 '다독다독'은 일종의 독서 할당제라고 볼 수 있습니다. 매일 일정 시간 책을 읽고 이를 가지고 독후 활동지를 작성하면, 사서 교사가 내용을 검토해 학교생활 기록부에 독서 이력으로 반영하는 형식이죠. 독서 습관들이기에 안성맞춤이라는 평가를 받으면서 학생들의 신청이 활발합니다.

'독서 하브루타'는 방학 중에 이루어지는 독서 프로그램으로 친구와 짝을 이루어 같은 책을 읽고, 함께 감상을 나누는 활동입니다. 서로 이야기하며 생각을 나누는 과정에서 독서의 깊이가 더해지죠. 해당 활동 역시 독후 활동지에 기록하면 사서 선생님이 검토하여 학생부에 반영합니다.

'저자 탐색 프로그램'은 진로와 관련된 독서 활동입니다. 특정 작가의 작품을 여러 편 읽으며 작가의 작품 세계 또는 특정 분야에 대한 심화된 지식을 얻을 수 있지요.

이 외에도 양정고에서는 매년 시 낭송 대회(시 낭송 / 시 패러디 / 시 UCC 제작 등 3개 부문), 다른 학교와의 연합 독서 캠프, 독서 퀴즈 대회 등이 열립니다.

04

독서 멘토링과 전통 있는 외국어 동아리가 있는
숙명여자고등학교

    숙명여자고등학교는 독서 교육을 무척 강조해서 다양한 책 읽기 프로그램을 운영하고 있습니다. 그중 가장 인기 있는 것이 '독서 멘토링'입니다. 이것은 10~15명의 학생들이 멘토 교사와 1주일에 한 번씩 만나 책의 내용과 관련해 미리 조사한 자료를 발표하고 토론하는 모임입니다. 매 학기 한 달간 집중적으로 실시하는데, 학생들이 책을 선정하면 교사가 프로그램을 진행하는 방식입니다. 모임 날짜와 독서 분량이 정해져 있어 혼자서는 읽기 부담스러운 책을 완독(完讀)할 수도 있답니다.

    또한, 숙명여고는 매년 '자유 탐구 대회'를 열어 수학, 지리, 외국어(중국어/일본어), 과학, 경제 경시대회를 비롯하여 문예 창작 대회, 어휘 골든벨, 영어 에세이 대회, 역사 탐방 등 다양한 성격의 대회를 진행하고 있습니다.

    자유 탐구 대회는 외부 기관의 도움 없이 진행되고, 결과보다 과정을 중요하게 평가합니다. 팀은 보통 학생 4명 이하로 꾸려지는데,

5월에 연구 계획서를 제출하고 석 달간 자료 수집과 연구를 합니다. 이 과정을 담은 사진이나 메모, 녹음 파일 등이 모두 평가 대상이지요.

숙명여고는 '숙명외고'라는 별명을 가질 정도로 영어 실력이 우수한 학생들이 많습니다. 또, 영어 내신·시험이 어렵기로 유명하죠. 이러한 배경에는 '국제 이해반', '영자 신문반', '유네스코반' 등 학생들의 외국어 실력을 높여 주는 동아리들의 활약이 있었습니다. 국제 이해반은 숙명여고가 유네스코(UNESCO, 국제연합교육과학문화기구) 한국 지부 '협동 학교'로 지정된 1960년대에 결성된 동아리로, 50여 년간 활발한 국제 교류를 해오고 있습니다. 회원이 되면 일본의 자매 학교를 방문하는 한편, 다문화 체험 및 외국인 대상 봉사에 참여합니다. 유네스코반의 경우는 국제 행사인 '세계 유산 위원회 청소년 포럼'에 한국 대표로 참가하고 있습니다.

이렇듯 숙명여고의 교육 시스템은 학생부를 풍성하게 하는 데 매우 효과적입니다. 앞서 소개한 '독서 멘토링'을 비롯하여 문학 작품의 배경이 된 장소를 찾아 떠나는 '문학 여행', '저자 강연회' 등은 책 속에서 길을 찾는 프로그램입니다. 그런가 하면 인권·수학·영어 등 다양한 영역의 이슈로 토론회를 열기도 합니다. 영어 실력이 뛰어난 학생들이 많다 보니 통·번역 봉사 활동도 활발히 이루어지고 있습니다. 또 본교 교사들이 기획한 '인문학, 영화 논술, 수리 논술, 법의학' 특강과 함께 각종 캠프, 탐사 프로그램들은 학생들의 자기 개발에 많은 도움을 주고 있습니다.

05

6단계로 이루어진 전공 역량 강화 프로그램을 시행하는 양서고등학교

양서고등학교는 특별한 전공 역량 강화 프로그램을 운영하고 있습니다. 1년 동안 실시되는 이 프로그램은 총 6단계로 구성되어 있고 각 단계를 순차적으로 실행해 나가다 보면, 진로와 학습을 동시에 마스터할 수 있습니다.

먼저 1단계는 전공 연구 주제를 선정하는 탐색 기간으로 3개월에 걸쳐 활동이 이루어집니다. 개개인의 적성·진로 검사가 진행되는 한편, 진로 관련 자료 및 직업 탐색, 졸업생 선배의 멘토링 등 진로 설정에 필요한 활동이 다각도로 실시되죠. 학생은 희망 진로를 3지망까지 선택하는데, 담임교사 및 해당 과목 교사가 상담을 통해 진로 결정에 도움을 줍니다. 1단계를 완수하면 비로소 양서고 전공 역량 강화 프로그램을 이수할 자격이 주어집니다.

2단계에서는 각 분야 전문가와 멘토들의 강연이 펼쳐집니다. 학생은 이를 듣고 자신의 연구 주제를 정하게 되죠. '양서인! 거장과 만나다'는 최고 수준의 전문가가, '양서 컨퍼런스 데이'는 대학생 및 연구원이 강사를 초빙하여 전공 영역과 관련한 새로운 지식을 제공합니다. 학생들은 2단계를 거치면서 연구 주제를 선정하는 한편 연구 계획서를 작성하죠.

그다음 3단계에서는 연구 방법 및 진행과 관련한 구체적이고 심층적인 지식을 쌓습니다. 매주 토요일 오전 분야별 전문 강사가 학교를 찾아와 연구 주제와 관련한 심도 있는 강의를 진행하고, 통계, 논문 작성법 등을 알려 줍니다.

3단계가 마무리되면 각자의 연구 주제와 과정을 공유하는 4단계 '프로젝트 체험전'이 열립니다.

그런 다음 5단계에서는 전공 역량 강화 프로그램의 꽃인 '양서 학술 대회'가 펼쳐지죠. 이 기간에 학생들의 연구 결과물이 담긴 보고서(논문) 심사가 진행되는데, 이와 동시에 연구 역량 구술 면접이 치러집니다. 논문 심사가 끝난 12월에는 학생들의 보고서를 엮어 논문집을 출간합니다.

마지막 6단계에서는 최종 이수 대상자가 선정됩니다. 여기에서 뽑히는 학생은 '최종 이수자 자격'을 받는데, 이것은 대입 수시 전형에서 매우 경쟁력 있는 자료로 활용되고 있습니다.

06

예체능 프로그램, 동아리 활동, 독서 프로그램으로
경쟁력을 키우는 신성고등학교

신성고등학교에서는 세 가지 교육 사업을 중점적으로 다루고 있습니다.

첫 번째는, 예체능 '1인 3기(技)' 프로그램 운영입니다. 매주 2시간씩 1학년은 통기타와 수영을 배우고, 2학년은 교내 야외 골프 연습장에서 골프를 배웁니다.

둘째, 학생 주도의 동아리 활동을 적극적으로 지원하고 있습니다. 그 결과 현재 총 130여 개의 정규 및 자율 동아리가 활발히 활동하고 있습니다.

셋째, 맞춤형 독서 프로그램을 운영하고 있습니다. 1학년을 대상으로 매일 아침 20분간 '북 모닝'을 진행하는 한편, 2학년 대상으로는 매주 목요일 7교시 '신성 북 오디세이'를, 재학생 전체를 대상으로는 '북 클럽 제도'를 실시하고 있지요.

동시에 방과 후 학교 프로그램을 80여 개 운영해 수시 전형에 충실히 대비하고 있습니다.

또한, 도시형 기숙사를 운영하고 있는 것도 큰 특징입니다. '우정학사'와 '원천학사'라는 두 개의 기숙사 동에서 총 200명의 학생이 생활하고 있습니다.

기숙사 생활은 교사와 사감 등 총 10명으로 구성된 '학력 관리부'가 전담해서 관리합니다. 학력 관리부는 일 년 내내 학생들의 학업과 생활을 지도합니다. 전교생이 학교 관내에 거주하는 일반고의 여건을 고려할 때, 기숙사 운영은 특별한 혜택이라고 볼 수 있죠. 기숙사는 신성고가 명문고로 도약할 수 있는 견인차 역할을 톡톡히 해냈습니다. 기숙사생은 내신이나 모의고사 등의 성적순으로 선발되는데, 기숙사 내부에 전용 열람실이 있어 자기 주도 학습에 많은 도움을 받습니다. 그런가 하면 기숙사에서 리더십 캠프나 체험 학습이 별도로 진행되고 있습니다.

신성고는 수학과 과학 집중 교육을 위해 'Science-Zone'을 조성했습니다. 이곳에는 분야별 첨단 과학실과 수학 전용 교실이 마련되어 있습니다. 각종 실험 장비와 교구가 즐비해 창의적이고 재미있는 수업이 펼쳐지고 있지요. 그런가 하면 외국어 교육 강화를 위한 'English-Zone'도 꾸며져 있습니다. 이곳에는 원어민 교사가 상주하고 있어, 학생들이 틈틈이 찾아 자연스럽게 영어를 습득하는 환경을 갖추고 있습니다.

07

한양대학교의 우수한 교육 인프라를 활용하는
한양대학교사범대학부속고등학교

한양대학교사범대학부속고등학교의 가장 큰 강점은 바로 옆에 있는 한양대학교의 우수한 교육 인프라를 십분 활용한다는 것입니다.

이를 대표하는 것이 '심화 주제 탐구'입니다. 이것은 대학과 연계한 연구 활동으로, 대학교수가 학생들에게 직접 연구 및 논문 작성을 지도합니다. 매년 2학년을 대상으로 이루어지는데 학생들이 팀을 짜서 희망하는 연구 계획서를 제출하면 심사를 통해 참가 팀이 선정되죠. 모든 과정은 교내에서 주최하는 '한양 청소년 논문 대회'와 연계되므로 결과가 좋으면 수상도 할 수 있습니다.

대학과의 연계가 강점이다 보니 참신한 기획이 돋보이는 특강도 많습니다. 한대부고의 또 다른 특징은 진학 컨설턴트와 자율 학습 관리 교사를 따로 채용한다는 것입니다. 3명의 진학 컨설턴트가 학생부 관리와 입시전략 수립을 담당하고, 4명의 자율 학습 교사가 자율 학습 분위기 조성과 학습 지도를 도맡고 있죠. 진학 컨설팅은 학생들의 신청을 받아 1대 1로 진행되는데, 각자에 맞춘 학교생활 기록부 관리 방향을 세심하게 안내해 줍니다. 또, 학생의 내신과 수능 수준을 분석하고, 진학하고자 하는 최신 학과 정보와 입시 정보를 모아 대학 진학 전략을 수립해 주죠. 비교과 활동(동아리 활동, 독서 활동, 봉사 활동 등) 가이드도 제시해 최근 입시에서 중요하게 떠오른 수시 학생부 종합 전형에 대비합니다.

한편, 자율 학습은 애플리케이션을 통해 출결 정보가 학생과 학부모에게 실시간으로 공개됨으로써 철저하게 관리되고 있습니다. 진로와 자기 주도 학습을 관리하는 전문 교사가 따로 있다 보니, 각 교과 담당 교사들은 남는 시간을 수업 준비 및 연구에 더 집중할 수 있답니다.

08

자신의 비교과 활동을 성찰할 수 있는
학교 활동 보고서를 작성하는 강서고등학교

  강서고등학교 학생들은 'GS-SAR(GangSeo-School Activity Report)'라는 이름의 학교 활동 보고서를 작성합니다. 이를 통해 비교과 활동 내역과 그에 따른 성찰 과정을 스스로 기록해 나가죠.

  보고서는 '자치, 적응, 행사, 진로, 봉사, 동아리, 교과, 방과 후, 보고서, 대회, 기타' 등으로 활동 내용이 세분화되어 있어서 입시 경쟁력이 꼼꼼하게 관리됩니다. 담당 교사는 이를 참고해 학교생활 기록부를 작성하기 때문에 누구나 비교과 관리를 효과적으로 할 수 있습니다.

  최근에 대학 입시가 수시 학생부 종합 전형 중심으로 재편되는 흐름이어서 이러한 기록들의 가치가 더욱 빛나고 있습니다.

  한편, 독서 역량 강화 프로그램인 '1,800분 독서 원정대'도 교육의 질을 높여 주고 있습니다.

강서고는 이 프로그램을 통해 주 1회, 방과 후 8교시에 전교생에게 독서 및 글쓰기 지도를 하고 있습니다. 한 학기당 900분(30시간), 연간 1,800분의 독서 활동이 이루어지는 셈이죠. 대입에서 학업(교과)과 더불어 비교과 역량을 잘 보여 줄 수 있는 활동으로 독서가 강조되다 보니 학생들의 만족도가 높은 프로그램입니다.

09
학술제를 통해 전공 역량을 키워주는
진주동명고등학교

진주동명고등학교는 학생들의 전공 역량을 키우기 위해 매 학기 학술제를 성대하게 개최하고 있습니다. 학술제의 이름은 '자기 성장 점보(漸步) 학술제'로 학기별 기말고사가 끝나면 전교생이 하루 종일 모여 행사에 참여합니다.

학술제는 총 5개 부문(자기소개서 작성 대회, 논문 작성 대회, 독서 골든벨, 감상문 대회, 토론 대회)으로 이루어져 있으며 사전에 참가 신청을 받습니다. 행사 전에 분야별 신청자들이 예선을 치르는데, 여기서 통과한 학생들에게 행사 당일 발표 기회가 주어지죠.

진주동명고 학술제의 꽃은 '논문 작성 대회'입니다. 총 30여 개 팀이 각자 연구한 주제로 다양한 분야에서 논문 내용을 발표하는데, 학생들과의 질의·응답을 통해 고루한 학술 행사가 아닌 열띤 토론 분위기를 조성한다고 합니다. 이를 통해 학생들은 다양한 학문을 탐색해 보는 즐거움을 얻을 수 있죠. 논문 작성 대회는 아침 9시부터 오후 4시까지 진행되는데, 이 시간에 별도의 공간에서 자기소개서 작성 대회, 감상문 대회, 토론 대회가 동시에 열립니다.

이후 행사의 마지막에는 전교생이 참여하는 '독서 골든벨'이 진행됩니다. 학생들은 학술제의 다채로운 프로그램에 참여하면서 전공 역량을 키울 수 있지요. 그 덕분에 대입 수시 면접이나 자소서 준비에 도움을 받았다는 의견이 많습니다.

진주동명고에서는 지역과 나라 사랑을 위한 특별 교육 프로그램도 운영되고 있습니다. 대표적인 것이 '녀던길(옛 선현이 걷던 길) 순례'죠. 이 행사는 매 학기 신청을 받아 5월과 9월에 진행되는데, 최근에는 참가자들이 충무공 이순신 장군의 백의종군로(하동에서 합천으로 이어지는 약 100 km 구간)의 일부 구간(10~20 km)을 행군하기도 했답니다. 녀던길 순례에는 매회 40~50명의 학생이 참여해 자연을 만끽하며 역사 정신을 기르고 있습니다.

이 외에도 진주향교에서 2학년 학생들을 대상으로 진행되는 인성 교육은 언론에도 소개되며 화제를 모았습니다. 참가자들은 한 학기 동안 7회에 걸쳐 향교 체험과 전통 예절, 경전 교육(논어, 맹자)을 받으며 인성을 함양하지요. 그 밖에 전교생이 폐휴지를 모아 불우 이웃 돕기 성금을 마련하는 행사나 홀로 사는 노인들을 위해 연탄을 구입하고 배달하는 봉사도 정기적으로 실시하고 있습니다.

진주동명고는 이처럼 학습 관리는 물론 인성 교육도 철저히 하고 있어 선호도와 만족도가 높은 학교로 통하고 있습니다.

10
진로 탐색을 통해 전공 역량을 키워주는
세화여자고등학교

세화여자고등학교의 강점으로는 학생들의 적성·소질의 개발을 돕는 다양한 프로그램을 들 수 있습니다.

그중에서도 가장 인기가 높은 것은 '토요 아카데미'입니다. 이 프로그램은 1, 2학년 학생들이 토요일을 이용해 90분간 진로 탐색용 특강을 듣고 다양한 탐구 활동을 하는 것입니다. 개설 강좌는 '영어 에세이, 인문 과제 연구, 이공 과제 연구, 고전'등 분야별로 다양한데, 전문성이 요구되는 강좌는 외부 강사가 학교로 찾아와 수업을 진행하고 있습니다. 학생들은 토요 아카데미의 강좌들을 중복으로 신청할 수도 있으며 각 강좌는 10차시까지 진행됩니다.

매번 과제도 주어지는데 학생들이 제출한 결과물을 담당 교사가 꼼꼼하게 첨삭해 주고 있습니다. 학생들은 토요 아카데미를 통해 전공 역량을 키우고 수시 학생부 종합 전형의 경쟁력을 갖출 수 있지요.

세화여고는 학생들에게 학습 동기를 불어넣기 위해 '누리어울'캠프도 운영하고 있습니다. 이것은 시간에 구애받지 않고 다양한 지식 체험을 하는 행사로 1박 2일간 진행됩니다. 학생들의 관심사를 반영해 매회 다양한 주제의 캠프가 열리는데, 이를테면 경제학과 지리학을 통합한 '경제·지리 캠프', 토론의 달인을 양성하는 '토론 캠프', 국제적인 이슈를 탐구하는 '모의 국제회의 캠프', 수학에 대한 흥미를 유발하는 '수학 퍼즐 캠프'등이 동시에 열립니다. 각 캠프의 담당 교사들은 캠프 일정을 어떻게 채울지 미리 활동 계획을 세우죠. 주제에 따라서는 캠프 당일 현장 답사 등을 추진하기도 합니다. 가령 '경제·지리 캠프'에서 경제와 지리의 상관관계에 대해 배운다면, 서울의 관광 명소인 인사동으로 나가 각종 경제 이론을 현실에 적용시키는 활동을 하는 것입니다.

또한, 학생들의 상식을 넓히기 위해 세화여고 학생들은 등교 후 매일 아침 7시 50분부터 30분간 신문을 읽습니다. 이 시간을 통해 다양한 배경지식을 쌓고 정보를 수집하는가 하면, 세상을 보는 안목을 키우죠. 학교는 신문 읽기를 독려하기 위해 신문의 사설·칼럼의 독후 활동 우수 학생에게 시상도 합니다. 사회를 다양한 시각으로 바라볼 수 있게 만들어 주고, 배경지식을 넓게 해 주어 세화여고 학생들은 학생부 종합전형 면접에서 큰 경쟁력을 가질 수 있다고 합니다.

11
7개 덕목에 따른 인성 함양 프로그램을 시행하는 충북청원고등학교

충청북도 청주시 청원구에 위치한 청원고등학교는 짧은 역사에도 불구하고 지역의 명문으로 우뚝 선 자율형 공립고(이하 자공고)입니다. 이 학교는 중학교 내신 성적을 토대로 신입생을 선발하는데 매년 충북 지역 우등생들의 지원 열기가 뜨겁죠.

청원고가 11년이란 짧은 역사에도 지역 명문이 된 데는 인성 교육의 힘도 컸습니다. 현재 이 학교는 7개 덕목(정직, 책임, 배려, 존중, 공감, 소통, 협동)에 따른 각종 대회를 정기적으로 열어 학생들의 인성을 함양시키고 있습니다.

각각을 살펴보면 '창작 표어 대회'(정직), '수기 공모 대회'(책임), '언어생활 제안 공모 대회'(배려), 'UCC 공모 대회'(존중), '공감 발자국 대회'(공감), '이야기 대회'(소통), '협동 학급 선발'(협동) 등으로 매우 다채롭죠. 7개 덕목을 균형감 있게 실천해 나가는 과정에서 학생들의 교우 관계와 면학 분위기도 좋아지고 있습니다.

이 학교의 여러 가지 인성 프로그램 중에서도 단연 핵심은 '국토 순례 체험 행진'입니다. 이 행사는 개교 당시부터 현재까지 10년 넘게 매년 이어져 오며 어느새 전통이 되었습니다. 순례에는 매년 전교생이 참여하는데 1~2학년은 4박 5일, 3학년은 수능 이후 2박 3일 일정으로 하루 15 km 정도 거리를 행군합니다. 다양한 체험을 하는 과정에서 학생들 스스로 느끼는 바가 많아 자기소개서 작성이나 면접 시 풍부한 '스토리'를 제공해 주기도 합니다.

또한, '사제동행 독서 프로그램'은 인기가 매우 높고 대입에서도 강점을 발휘하고 있습니다. 이것은 '독서 논술'과 '북 데이트' 활동으로 분류되는데, 독서 논술의 경우 공지되는 추천 도서 중에서 학생이 한 권을 골라 감상이나 견해 등을 적어 제출하면 우수작을 선정하는 행사입니다. 1년에 5회 실시되는데 학생들의 호응이 매우 좋다고 합니다. 북 데이트는 교사와 학생이 선정 도서를 각자 읽고 자유롭게 토론하는 행사로, 수시 심층 면접을 대비하는 데도 도움을 줍니다. 그런가 하면 1~2학년 학생들과 교사 대부분이 참여하는 '사제동행 마라톤', '사제동행 배드민턴 대회'도 청원고의 대표 행사로 꼽힙니다.

12

다양한 심화 독서 프로그램을 통해 역량을 키워 주는 단국대학교사범대학부속고등학교

단국대학교사범대학부속고등학교는 1984년 첫 신입생을 받은 이후부터 지금까지 총 2만여 명의 동문을 배출한 명문 사학입니다. 주변의 교육 환경, 자사고 못지않은 비교과 활동, 학교의 전폭적인 입시 상담 등으로 강남구 학부모들이 가장 보내고 싶어 하는 학교 중 하나입니다.

또한, 학생들의 자율성과 인권을 존중하는 학교로도 알려져 있습니다. 대부분 학교 행사들을 학생들 스스로 주도하며 진행하고 있으며, 학교에서도 학생들의 의견을 충분히 듣고 개선할 점들을 처리하고 있습니다.

단대부고는 특히 학생들의 독서 역량 강화를 위해 다양한 교육 프로그램을 운영하고 있습니다. 독서토론대회, 독서골든벨대회, 독서왕선발대회, 독서능력서품대회 등 독서 관련 교내 경시대회를 집중적으로 시행하여 학생들의 독서에 대한 흥미와 관심을 키우고,

읽고 생각하는 능력을 강화하는 데 주력하고 있습니다. 무엇보다 논리적인 사고를 펼쳐내면서 자신의 삶도 성찰해 보고, 가치관과 인성까지 함양할 수 있는 독서 교육을 지향하고 있습니다.

그리고 저자와의 만남 및 대화 등 다양한 독서 행사를 마련하여 학생들의 진로와 관련된 독서 활동을 적극적으로 지원하고 있으며, 활동 과정의 관찰 및 조언을 통해 융합적인 독서력과 통합적인 국어 능력(듣기, 읽기, 말하기, 쓰기)의 향상 및 계발에 최선을 다하고 있습니다. 특히 진로 선택을 위한 심화 독서 프로그램은 단대부고의 핵심 교육 프로그램입니다. 대학교수님이나 석, 박사 과정의 학생을 초청하여 전공 관련 서적을 추천받아 학생들에게 미리 알려줍니다. 학생들은 자율적으로 추천 도서를 선택하여 읽고 요약서를 제출하는데 이렇게 요약서를 제출해야 이 프로그램에 참여할 수 있는 자격이 주어지기 때문에 많은 학생들이 참여하고 있습니다. 단순히 공부만 잘하는 학생이 아니라 기본적 소양에 바탕을 두고 공부를 잘하는 학생으로 키우고 있는 것이지요.

일반적으로 강남에 위치한 학교가 수시보다는 정시에 강하다는 편견이 있는데 단대부고의 학생들은 이러한 독서 역량을 바탕으로 수시에서도 강한 경쟁력을 보이고 있습니다.

13

폭력, 흡연, 따돌림이 없는 3무(無) 학교 정책을 통해 인성을 키워주는 숭덕고등학교

　광주광역시에 있는 숭덕고등학교는 1996년에 개교한 이래 지역 최고의 명문으로 자리 잡은 곳입니다. 이 학교는 2011년부터 4년간 자율형 사립고(이하 자사고)였다가 2015년부터 다시 일반고로 전환되어 운영되고 있지요. 여전히 자사고 때 못지않은 입시 결과를 거두며 굳건한 위상과 내실을 자랑하고 있습니다. 숭덕고의 우수한 교육 프로그램과 장학 제도, 교사들의 열정은 우수 인재를 불러 모으는 원동력이 되고 있습니다.

　숭덕고는 개교 당시부터 체벌을 전면 금지해 오고 있습니다. 또한, '폭력, 흡연, 따돌림'이 없는 학교를 만들기 위한 '3무(無) 학교' 정책을 펴고 있죠. 여기에 교과·진로·덕성을 연계한 독서 활동을 시행함으로써 학생들의 인성을 함양하고 있습니다.
　대표적인 사례가 독서와 봉사를 연계한 'Reading Books Festival'입니다. 이것은 학생들이 벼룩시장을 열어 친구들과 책을 나누고 행사 수익금을 사회 복지 시설에 기부하는 행사입니다. 일 년에 두 번 교내 체육관에서 열리는데, 이 자리에서 학생들은 독서 모둠 활동시 읽은 책들을 팔면서 책의 내용을 설명하지요.

학생들의 건의에 따라 책 판매 수익금을 경로당 에어컨 설치 비용으로 사용하기도 하는 등 사회봉사로도 이어지고 있습니다. Reading Books Festival은 모범적인 봉사 활동으로 인정받아 구청의 표창을 받기도 했지요.

숭덕고는 소풍도 학생들이 직접 기획한 봉사 활동으로 대신합니다. 참신한 아이디어로 무장된 봉사 활동은 지역 사회에 일조할 뿐만 아니라 학생들의 인성 교육에도 효과적이라는 평을 받고 있습니다. 숭덕고 학생들은 역사와 지리, 향토가 어우러진 프로그램 '국토 순례'에 대한 열정도 뜨겁습니다. 국토 순례는 숭덕고 전통의 행사로 학생들의 인내와 끈기를 북돋워 주고 있습니다.

14

동산 퍼미션을 통해 자기 관리를 시켜주는
안산동산고등학교

동산고등학교는 안산동산교회가 설립한 자사고로, 기독교 정신을 바탕으로 철저한 인성 교육을 실시하고 있습니다.

그 일환으로 전교생이 '동산 퍼미션(Personal Mission)'이라고 불리는 자기 사명 선언서를 작성하는데, 이 특별한 의식을 통해 학생들은 자신의 사명을 확인하고 헌신하겠다는 각오를 다집니다.

학생들은 학기 초에 동산 퍼미션에 기입된 6가지 항목(신앙, 학업, 독서, 건강, 생활, 교칙)에 따라 세부 목표와 실천 계획을 세웁니다. 이때 'TNTQ'('Target: 누군가의, Need: 어떠한 필요를, Tool: 어떻게 채워서, Quality: 어떠한 세상을 만들고 싶은가'의 약자)에 근거해서 구체적인 미션을 정하죠. 세부 계획들을 잘 실천하고 있는지 매달 스스로 점수(A~F등급으로 평가)를 매기며 점검하는 기회도 갖습니다. 이를 토대로 담임선생님과 상담도 하고, 연말에는 반 친구들 앞에서 한 해의 성장 스토리를 발표하는 뜻깊은 시간도 가집니다.

동산고 학생들은 봉사 활동을 많이 하는데 그중에서도 특히 지역 공부방에서 아이들을 가르치는 교육 나눔이 활발합니다. 스스로를 '푸른 교사'라고 칭하며 봉사 활동에 자부심을 갖고 있지요.

그뿐만 아니라 2학년 학생들은 신청을 통해 여름 방학 때 지체 장애 학생과 함께하는 제주 올레길 동행 행사에 참여하고 있습니다. 한 명의 지체 장애 학생과 두 명의 동산고 학생이 팀을 이루어 2박 3일간 길을 걸으며 서로 돕고 우정을 나누죠. 고3 교실에서는 '명혜학교'(경기도 안산에 위치한 특수 교육 기관) 학생들을 초청한 교류 수업이 3일간 펼쳐지기도 합니다. 이 수업을 통해 학생들은 장애인과 비장애인 간에 나눔과 배려가 왜 중요하고, 이를 어떻게 실천할 수 있을지 생각해 보게 됩니다.

15

다양한 진로 체험을 통해 전공 역량을 키워주는
군포고등학교

군포고등학교에서는 1학년 때부터 개인별 직업에 대한 흥미·적성 검사를 실시하고, 이를 바탕으로 진로에 대한 체험활동과 자신의 진로 적성과의 일치 여부를 상담을 통하여 주기적으로 관리하고 있습니다. 학생들이 입학 초기부터 구체적이며 실질적인 장래 목표를 설정하고 꿈을 이루기 위한 노력을 할 수 있도록 돕고 있는 것이지요.

동시에 'Job Shadow'라고 불리는 직업 체험활동을 시행하고 있습니다. 1학년 때 학기별로 한 번씩 진행하는데 학부모들의 재능기부를 받아 진행합니다. 예를 들어, 학생의 꿈이 변호사라면 학부모 중 변호사 사무실을 운영하는 분들의 도움으로 사무실에 가서 직업 체험할 수 있도록 매칭해 주고 있습니다. 체험장을 선정함에 있어서는 견학이 아닌 실질적인 직업 체험이 이루어질 수 있는 곳을 원칙으로 하고 있으며, 체험 이후 소감문 작성 및 담임 또는 진로 교사와의 상담을 통해 추후 작업을 진행하여 일회성 행사에 그치지 않도록 유도하고 있습니다.

군포고에서는 학업에 매몰되기 쉬운 학생들의 인성 계발과 체력 증진을 위해 다양한 예술 및 체육 교육을 실시하고 있습니다. 1학년 학생들을 대상으로 '1인 1악기-플루트 교육'을 실시하고 있는데, 정규 교육과정에서 특기 교육을 실시함으로써 학생들의 취미 계발을 유도하고 있고, 이후 관심과 재능이 있는 학생들을 '관악부'에 참여하도록 하여 예술적 욕구와 재능을 살릴 수 있는 공간을 제공하고 있습니다. 특히 군포고 관악부는 해마다 연말에 정기 연주회를 개최하여 지역의 중요한 문화 행사로 자리 잡고 있기도 합니다.

또한, 학교 안에 도자기 제작이 가능한 가마실을 갖추고 있어, 학생들의 도예 작품 제작이 활발하게 이루어지고 있습니다. 그리고 학생들이 만든 작품으로 해마다 전시회를 열고 있을 뿐만 아니라 지역 주민들을 대상으로 도예교육이 이루어지고 있습니다.

16

〈2+1 이동 수업〉을 통한 소집단 집중 학습을 시행하는 세마고등학교

세마고등학교는 2009년에 자율형 공립고로 지정되고, 이듬해인 2010년 3월에 창학을 하였습니다. 세마고가 개교하기 전까지 수원 등 인근 명문고로 진학하던 지역 인재들이 이제 세마고에 활발히 지원하고 있습니다. 여기에는 학생 300명을 수용할 수 있는 최신식 기숙사도 한몫했죠.

세마고는 오산시의 전폭적인 지원과 자공고의 장점을 극대화한 교육 프로그램 덕분에 현재 경기도의 대표 명문고로 자리잡았습니다.
이 학교에는 여러 가지 장점이 있지만 '2 + 1 이동 수업'은 그중 최고라고 할 수 있습니다. 이것은 2개의 학급을 3개 반으로 나누어 교사 한 명당 학생 수를 줄인 수업인데, 이로써 완전한 소집단 학습이 이루어지고 있습니다.
현재 국어·영어·수학 과목의 수업을 '2 + 1 이동 수업'으로 실시하고 있습니다. 자공고는 모든 교원을 외부에서 초빙할 수 있고, 교육부와 도교육청으로부터 운영비를 지원받기 때문에 가능한 시도 였죠. 그런가 하면 세마고는 2016년부터 과학 중점 학교로도 지정되었습니다. 이에 따라 수학과 과학 수업을 비롯해 관련 교과의 특강 및 교육 프로그램을 확장해 나가고 있지요. 과학 중점반은 2학년 과정부터 정식으로 운영되는데 희망자를 모두 수용할 수 있도록 반 편성을 하고 있습니다.

또한, 세마고에는 총 100개가 넘는 동아리가 있습니다. '신문 제작, 토론, 주식 투자, 범죄 심리, 광고, 수학 문제 해결, 의·약학, 발명, 봉사, 건축, 음악, 미술, 또래 상담, 스포츠'등 다채로운 활동이 동아리를 통해 이루어지고 있죠. 이로써 학생들은 적성과 흥미를 발달시키고, 교과 내용을 심화 학습하는 한편, 스트레스를 해소하고 서로 협력하는 법을 배웁니다.

세마고에서는 '라온제나'(반 대항 경연)와 '라온누리'(동아리 대항 경연) 축제가 격년으로 번갈아 가며 열립니다. 또, 세마고 학생들은 민주주의에 대한 관심이 많아 교과 시간을 포함해 쉬는 시간, 식사 시간에도 자주 정치 이야기를 나누며 의견을 교환한다고 합니다. 이제는 학생들이 사회 이슈에 대한 의견을 세마고 SNS나 대자보 등에 올릴 정도로 분위기가 조성되었다고 합니다.

17

다채로운 동아리와 자율학습 분위기 형성을 통해 입시 경쟁력을 키워 주는 운정고등학교

운정고등학교는 개교 이듬해인 2013년에 자율형 공립고로 지정되면서 교육 과정을 다양화하고, 우수한 교사진을 구성하는 데 힘을 쏟으며 명문고로서의 발판을 다졌습니다. 이후 경기도 고양시, 파주시 일대 학생들로부터 많은 관심을 받았고, 짧은 역사에도 불구하고 성적이 우수한 학생들의 진학이 활발하게 이루어지고 있습니다. 우수한 교사진과 학생의 만남으로 학업 열기가 뜨거워지자 단기간에 눈에 띄는 성과가 나타난 것으로 볼 수 있답니다.

또한, 학교생활의 꽃이라고 할 수 있는 동아리 역시 다채로운 활동을 펼치고 있습니다. 운정고에는 총 130여 개의 동아리가 있는데, 그중 정규 동아리가 60개, 자율 동아리(학생들이 자율적으로 개설·운영)가 70개 정도입니다. '유튜브 번역 자막 제공반', 심리학 연구 '프시케 노트반', 유기견 봉사 동아리 '라온제나' 등 이름만 들어도 흥미를 끄는 동아리들이 많습니다.

정규 수업은 아침 9시부터 시작되는데, 아침 7시 30분이면 자기 주도 학습실과 도서관 자습실에 자리를 잡고 공부하는 학생들이 꽤 많다고 합니다. 야간 자율 학습 참여율도 90 % 수준으로 매우 높고요. 그러다 보니 지역에서 공부벌레들이 모인 학교라는 소문이 나면서, 재학생들도 서로의 모습에 더욱 자극을 받는 분위기입니다.

그렇다고 학교가 공부만 강조하는 것은 아닙니다. 다양한 예술 및 체육 활동을 장려하고, 독서 교육도 강조하고 있죠. 운정고는 1인 3기(1人 3技) 프로그램을 운영하는데, 이에 따라 학생들은 1학년 때 해금과 유도를, 2학년 때 기타 연주를 필수로 배웁니다. 모두 주 1회 정규 수업 시간을 통해 배우는데, 학생들은 이 시간에 학업 스트레스를 해소하고 있어 더욱 인기가 있다고 합니다.

운정고는 미국 명문 대학 탐방 프로그램도 의욕적으로 추진하고 있습니다. 매년 여름 방학과 겨울 방학 때 1학년 학생 30명을 선발해, 여름에는 동부의 아이비리그, 겨울에는 서부의 명문 대학가를 방문하는 기회를 제공하지요. 그 밖에 영시 창작 대회, 영어 에세이 대회, 영어 토론 대회, 영어 서평 쓰기 대회, 세계 문화유산 해설 대회, 외국어 합창 대회 등 풍성한 외국어 행사를 개최하고 있습니다. 이를 통해 외국어 실력을 향상시키는 것은 물론, 글로벌 리더로서 미래의 꿈을 설계하도록 돕고 있습니다.

18

1학생 1연구 노트제도를 통해
전공 역량을 강조하는 반포고등학교

반포고등학교는 과학 중점 학교로서 다양한 과학교육 프로그램 및 과학·수학 관련 동아리들이 있습니다. 이들 동아리를 중심으로 학생들은 다양한 팀 프로젝트 연구 활동을 할 수 있는데, 특히 동아리는 과학 중점 과정반 학생들이 아니더라도 모든 학생이 지원하고 참여할 수 있기 때문에 과학과 수학에 관심이 많은 학생이라면 반포고를 주목할 필요가 있습니다.

특히 1학생 1연구 노트제도는 반포고의 자랑입니다. 이 노트는 학생들이 자신의 연구를 지속적으로 관리하고 기록하는 노트로, 반드시 해당 선생님의 확인을 받고 피드백을 받도록 하고 있어, 졸업할 때까지 자신이 관심을 가지고 있는 분야에 대해 꾸준하게 연구할 수 있도록 지원하는 도구가 되고 있습니다. 이제는 거의 모든 학생이 참여하고 있을 정도로 성공적으로 자리를 잡은 제도이지요.

또한, 콜로키움 제도라는 것을 운영하고 있습니다. 이 제도는 과학부 전 선생님들이 1년 동안에 약 5차례, 오후 6시부터 9시까지 신청한 학생들의 연구 주제를 잡는 것부터 시작하여 실험계획, 과정, 논문 작성을 하는 일 전체적인 일들을 같이 모여 해결해 주는 제도입니다. 보통 한 번에 30개 팀 정도가 신청하며 선생님들은 과학 분과별로 각 팀의 연구를 검토하고 자문합니다.

이러한 연구 환경과 지원 덕분에 반포고에서는 해마다 우수한 연구 성과를 거두고 있습니다. 또한, 외고 못지않게 영어 수준이 높은 학생들이 많아 수준 높은 영어 동아리 활동이 진행되고 있습니다. 영어 심화 토론반TNS, 영어 연구반ERC. 국제 교류반CIF 등은 반포고의 대표적인 영어 동아리입니다. 아울러 연간 발행되는 영자 신문 Banpo Forum과 주간 신문What's Up today?을 제작하고 있습니다.

외국어 능력 향상을 위한 다양한 유형의 대회도 운영하고 있으며, 방학 때는 외국어 향상을 위해 영어회화 전문 강사와 함께하는 영어캠프, 중국어·일본어 캠프를 운영합니다. 가장 주목할 만한 행사는 'BMUN'이라고 불리는 반포 모의 유엔 회의인데, 학생들이 각국의 UN 대표라고 가정하고 자신들의 의견을 모아나가는 생생하고 수준 높은 회의로 인근 주민과 타교생들도 방청하며 찬사를 보내는 행사랍니다.

찾아보기

교육 전문가 유태성의
입시 컨설팅

1판 1쇄 펴냄 | 2019년 4월 25일

지은이 | 유태성
발행인 | 김병준
편 집 | 김경찬
마케팅 | 정현우 · 김현정
본문 삽화 | 신나연
디자인 | 이순연
발행처 | 상상아카데미

등록 | 2010. 3. 11. 제313-2010-77호.
주소 | 경기도 파주시 회동길 37-42 파주출판도시
전화 | 031-955-1337(편집), 031-955-1321(영업)
팩스 | 031-955-1322
전자우편 | main@sangsangaca.com
홈페이지 | http://sangsangaca.com

ISBN 979-11-85402-23-9 13370

이 도서의 국립중앙도서관 출판시도서목록(CIP)은
서지정보유통지원시스템 홈페이지(http://seoji.nl.go.kr)와
국가자료공동목록시스템(http://www.nl.go.kr/kolisnet)에서
이용하실 수 있습니다.(CIP제어번호: CIP2019013369)